Inhalt

QR-Code scannen und Einkaufslisten, Kochvideos und Schritt-für-Schritt-Anleitungen entdecken

Rezeptinfos

5 SmartPoints Wert: SmartPoints Wert und zusätzlich kcal/kJ pro Person/Glas/Stück

UPGRADE: Dieses Symbol zeigt dir, wie du das Rezept variieren kannst.

Info: Gut zu wissen – Tipps und Tricks sowie hilfreiche Warenkunde erkennst du an diesem Symbol.

Video: Film ab! Entdeckst du dieses Symbol an einem Rezept, gibt es dazu ein Kochvideo. Einfach den QR-Code auf der dieser Seite scannen. Zu welchen Rezepten es Videos gibt, siehst du übersichtlich im Register auf Seite 162.

Extra für dich: Auf den Rezeptseiten erfährst du direkt neben dem SmartPoints Wert, ob ein Rezept gluten- oder laktosefrei, vegan oder vegetarisch ist. Die Kennzeichnung ist rein informativ und nicht verbindlich. Es liegt in der persönlichen Verantwortung zu püfen, ob die verwendeten Lebensmittel die Anforderungen erfüllen. Zusätzlich findest du auch eine Info, wenn sich ein Gericht gut zum Einfrieren eignet.

Fertig in: Hier sind alle Vorbereitungsschritte, Marinier-, Gar- und Backzeiten eingerechnet.

Davon aktiv: Diese Zeitangabe sagt dir, wie lange du wirklich mit Schnippeln und Rühren beschäftigt bist.

Lecker, leicht & willkommen in der Weight Watchers Welt.

Frische Zutaten, raffinierte Rezepte, einfache Zubereitung. Leichte und figurbewusste Ernährung kann so simpel, abwechslungsreich und vor allem lecker sein – mit Weight Watchers. Wir freuen uns darauf, dich mit unseren Kochbüchern zu inspirieren und jeden Tag aufs Neue mit leckeren Gerichten zu überraschen.

Immer wieder anderes. Immer wieder neu.

Genau wie unsere Rezepte wird auch unser Programm immer weiter optimiert. Klar, die Dinge ändern sich. Dabei nehmen wir Trends, wachsende Anforderungen an Lebensmittel und Ernährung sowie neueste Erkenntnisse aus Wissenschaft und Forschung stets genau unter die Lupe. Das Ergebnis: Feel Good – unser modernes, ganzheitliches Programm und die perfekte Kombination aus ausgewogener Ernährung, Bewegung und einer guten Portion eigener Wertschätzung.

Drei Säulen machen dabei den Weg zum eigenen Wunschgewicht noch effektiver.

Das wird dir schmecken.

Unser Punktesystem wird noch schlauer. Mit den SmartPoints! Die SmartPoints Formel ist nach allerneuesten Studienergebnissen der Ernährungsforschung entwickelt worden. Teilnehmer, die bereits die neuen SmartPoints nutzen, finden es leichter, gesünder zu essen, und sind insgesamt zufriedener mit dem Programm und ihrem Erfolg.

Aus Auszeit wird Aktivzeit.

Bewegung ist wichtig. Warum? Man fühlt sich fitter. Verbraucht mehr Energie. Und ist einfach besser drauf. Daher werden Fitness und Sport zu einem noch wichtigeren Teil des Programms. Zusammen entwickeln wir einen Plan für dein persönliches Aktivitätsziel.

Das Wichtigste zum Schluss – du.

Die Eckpfeiler für ein gesundes, bewusstes Leben? Eine ausgeglichene, positive Einstellung. Mit Feel Good zeigen wir dir, wie du deine innere Balance findest, sodass du dich rundum wohlfühlst und glücklich bist.

ausgewogen –

Und worauf hast du Lust?

Ganz egal, welcher Typ du bist, wir bieten ein Programm, das zu dir und deinem Alltag passt. Lass dich von einer starken Community in unseren Treffen mitreißen oder erlebe Feel Good ganz einfach von Zuhause oder unterwegs, mit dem Online Programm und unserer App. Noch nie war der Weg zum Wunschgewicht so einfach und flexibel.

WW Treffen

Das trifft sich gut:

Mit einer starken Community und der persönlichen Unterstützung unserer Coaches zum Wunschgewicht.

- **Motivation, Inspiration und hilfreiche Ratschläge unserer Coaches.**
- **Gemeinsamer Austausch, Hilfestellung oder Motivation in der Community.**
- **Neueste Erkenntnisse zum Thema Ernährung von Experten gebündelt.**

WW Online

Das klickt sich gut:

Ob unterwegs in der Bahn oder zu Hause aus dem Wohnzimmer – mit Weight Watchers Online und der passenden App bist du always on.

- **Bewusste Ernährung leicht gemacht. Mit unserem SmartPoints Plan.**
- **Clevere Food-Pläne.**
- **Austausch per Chat oder Challenges in der Online-Community.**
- **Barcode-Scanner für sofortigen SmartPoints Check im Supermarkt.**
- **ActivPoints werden direkt mit deinem Account synchronisiert.**

Der MonatsPass

Treffen, Online und App. Die perfekte Kombi für deine Abnahme.

Auf Seite 160 erzählt Yvonne, wie unser Feel Good Programm für sie funktioniert. Und jetzt viel Spaß mit unseren Rezepten.

Alle Infos zu unserem Programm gibt es unter www.weightwatchers.de

Frühstücke

Roggenbrötchen mit Eier-Schinken-Salat

8 SmartPoints Wert

fertig in: 35 Minuten | davon aktiv: 20 Minuten
318 kcal | 1332 kJ

Ei in kochendem Wasser ca. 8–10 Minuten hart kochen, abschrecken und pellen. Ei halbieren und Eigelb herauslösen. Eiweiß und Schinken würfeln.

Gewürzgurken in feine Würfel schneiden. Tomaten und Gurke waschen, Gurke in Stücke schneiden und im Wechsel mit Tomaten auf 4 Spieße stecken.

Eigelb mit einer Gabel zerdrücken und mit Mascarpone, Senf, Liebstöckel, Quark, Gewürzgurkenwürfeln, Gurkensud, Ei- und Schinkenwürfeln verrühren. Mit Kümmel verfeinern und mit Salz und Pfeffer abschmecken.

Salat waschen und trocken schütteln. Brötchen aufschneiden, die unteren Hälften mit Salatblättern belegen und Eier-Schinken-Salat darauf verteilen. Mit oberen Brötchenhälften abdecken und mit Tomaten-Gurken-Spießen servieren.

Für 2 Personen:

1 Ei
2 Scheiben gekochter Schinken
2 Gewürzgurken
200 g Cocktailtomaten
1/2 Salatgurke
1 EL fettreduzierte Mascarpone
1 TL Senf
1 TL gehackter Liebstöckel
1 EL Magerquark
1 EL Gurkensud
1 Msp. gemahlener Kümmel
Salz, Pfeffer
2 Blätter Lollo rosso
2 Roggenbrötchen

← Joghurtmüsli mit Trauben

6 SmartPoints Wert

fertig in: 10 Minuten | davon aktiv: 10 Minuten
vegetarisch
372 kcal | 1558 kJ

Trauben und Heidelbeeren waschen. Beeren trocken tupfen und Trauben halbieren. Orange auspressen und mit Joghurt verrühren.

Traubenhälften, Heidelbeeren, Dinkel- und Haferflocken untermischen und Joghurtmüsli servieren.

Für 1 Person:

- **100 g kernlose rote Weintrauben**
- **50 g Heidelbeeren**
- **1 Orange**
- **125 g Magermilchjoghurt**
- **2 EL Dinkelflocken**
- **2 EL Haferflocken**

Bananenmüsli mit kernigem Topping

6 SmartPoints Wert

fertig in: 15 Minuten | davon aktiv: 15 Minuten
vegetarisch
312 kcal | 1305 kJ

Bananen schälen, mit Joghurt pürieren und mit Kakaopulver verfeinern. Mandelstifte fettfrei in einer Pfanne auf mittlerer Stufe ca. 2–3 Minuten goldbraun rösten.

Getreideflocken mit Mandelstiften vermischen. Bananenjoghurt mit Mandelmischung bestreuen und mit Honig beträufelt servieren.

Für 4 Personen:

- **4 reife Bananen**
- **1 kg Magermilchjoghurt**
- **1 TL Kakaopulver**
- **2 TL Mandelstifte**
- **6 EL Getreideflocken**
- **1 TL Honig**

Roastbeefsandwich mit Hüttenkäse

5 SmartPoints Wert™

fertig in: 10 Minuten | davon aktiv: 10 Minuten
214 kcal | 895 kJ

Für die Creme Hüttenkäse mit Schnittlauch, Meerrettich und Agavendicksaft verrühren und mit Salz und Pfeffer abschmecken. Cornichons längs in Scheiben schneiden.

Brotscheiben rösten. 1 Scheibe mit Hüttenkäsecreme bestreichen, mit Roastbeef und Cornichonscheiben belegen, mit anderer Brotscheibe abdecken und Sandwich halbieren. Gurken waschen, vierteln und zu Roastbeefsandwich servieren.

Für 2 Personen:

- **2 EL Hüttenkäse, bis 5 % Fett absolut**
- **1 TL Schnittlauchringe**
- **1 TL Tafelmeerrettich**
- **1 TL Agavendicksaft**
- **Salz, Pfeffer**
- **3 Cornichons**
- **2 Scheiben Bauernbrot**
- **3 Scheiben Roastbeef**
- **2 Mini-Salatgurken**

Bauernbrot mit aromatischem Rucola-Basilikum-Aufstrich

6 SmartPoints Wert

fertig in: 15 Minuten | davon aktiv: 15 Minuten
vegetarisch
194 kcal | 812 kJ

Pinienkerne fettfrei in einer Pfanne auf mittlerer Stufe ca. 2–3 Minuten rösten. Rucola und Basilikum waschen, trocken schütteln und mit Pinienkernen grob hacken.

Quark mit saurer Sahne verrühren, Rucola, Basilikum und Pinienkerne unterheben, mit Salz und Pfeffer würzen und mit Zitronensaft abschmecken. Bauernbrot mit Rucola-Basilikum-Aufstrich bestreichen und servieren.

Für 2 Personen:

1 EL Pinienkerne
10 g Rucola
15 g Basilikum
3 EL Magerquark
2 EL saure Sahne
Salz, Pfeffer
einige Tropfen Zitronensaft
2 Scheiben Bauernbrot

Ciabatta mit Räucherlachs und Mango

7 SmartPoints Wert

fertig in: 10 Minuten | davon aktiv: 10 Minuten
401 kcal | 1677 kJ

Mango schälen und das Fruchtfleisch in Spalten vom Stein schneiden. Schalotte schälen und in Ringe schneiden. Frischkäse mit Dill verrühren.

Brötchen aufschneiden und mit Frischkäse bestreichen. Untere Brötchenhälfte mit Lachs, einigen Mangospalten und Schalottenringen belegen und mit oberer Brötchenhälfte abdecken. Ciabatta mit restlicher Mango servieren.

Für 1 Person:

- **1 reife Mango**
- **1 Schalotte**
- **1 EL Frischkäse, bis 1 % Fett absolut**
- **1/4 TL gehackter Dill**
- **1 Ciabattabrötchen**
- **1 Scheibe Räucherlachs (à 50 g)**

Probiere als leckere Alternative zum Räucherlachs 2 Scheiben Weight Watchers Maasdamer Käse ohne Schalotte und Dill. Der SmartPoints Wert erhöht sich auf 8.

Herzhaftes Laugenbrötchen mit Leberkäse

8 SmartPoints Wert™

fertig in: 35 Minuten | davon aktiv: 20 Minuten
445 kcal | 1863 kJ

Weißkohl putzen, vierteln, den Strunk entfernen und Kohl in schmale Streifen schneiden. Weißkohl mit 1/2 TL Salz verkneten und ca. 20 Minuten ziehen lassen. Paprika waschen, entkernen und in schmale Streifen schneiden.

Kresse vom Beet schneiden, mit Frischkäse und Senf verrühren und mit Salz und Pfeffer würzen. Radieschen waschen und mit Gewürzgurke in Scheiben schneiden.

Für das Dressing Essig, Zucker, Kreuzkümmel und Chilipulver verrühren. Weißkohl- und Paprikastreifen mit Dressing vermischen und mit Salz und Pfeffer abschmecken.

Brötchen aufschneiden, mit Kressecreme bestreichen, untere Hälfte mit etwas Krautsalat, Radieschen-, Gewürzgurkenscheiben und Leberkäse belegen und mit oberer Brötchenhälfte abdecken. Laugenbrötchen mit restlichem Krautsalat servieren.

Für 1 Person:

300 g Weißkohl
Salz, Pfeffer
1 kleine rote Paprika
1/4 Beet Kresse
1 EL Frischkäse, bis 1 % Fett absolut
1 TL süßer Senf
2 Radieschen
1 Gewürzgurke
1–2 EL Weißweinessig
1 Prise Zucker
1 Msp. Kreuzkümmel
1 Msp. Chilipulver
1 Laugenbrötchen
30 g Leberkäseaufschnitt

Sommerliche Brombeer-Aprikosen-Creme mit Brötchen

7 SmartPoints Wert

fertig in: 50 Minuten | davon aktiv: 20 Minuten
vegan | laktosefrei
282 kcal | 1180 kJ

Für 2 Personen:

- **1/2 Vanilleschote**
- **4 Aprikosen**
- **2 EL zarte Haferflocken**
- **2 TL Ahornsirup**
- **75 g Brombeeren**
- **2 Weizenbrötchen**

Vanilleschote längs aufschneiden und das Mark herauskratzen. Aprikosen mit kochendem Wasser überbrühen, kalt abschrecken und häuten.

Aprikosen halbieren, die Steine entfernen und Aprikosenhälften mit Vanillemark pürieren. Aprikosenpüree mit Haferflocken verrühren und mit Ahornsirup verfeinern.

Brombeeren waschen, trocken tupfen, mit einer Gabel leicht zerdrücken und unter die Aprikosencreme heben. Brombeer-Aprikosen-Creme ca. 30 Minuten im Kühlschrank ziehen lassen und mit Brötchen servieren.

Süßer Frühstücksquark

5 SmartPoints Wert

fertig in: 10 Minuten | davon aktiv: 10 Minuten
vegetarisch | low carb
409 kcal | 1711 kJ

Für 2 Personen:

- **6 Feigen**
- **2 Birnen**
- **500 g Magerquark**
- **100 ml kohlensäurehaltiges Mineralwasser**
- **einige Tropfen flüssiger Süßstoff**
- **2 TL gehackte Mandeln**
- **1 TL Honig**

Feigen und Birnen waschen. Birnen vierteln, entkernen und mit Feigen in Würfel schneiden.

Quark mit Mineralwasser glatt rühren und mit Süßstoff verfeinern. Feigen- und Birnenwürfel untermischen. Frühstücksquark mit Mandeln bestreuen und mit Honig beträufelt servieren.

Grüner Powersmoothie

8 SmartPoints Wert

fertig in: 10 Minuten | davon aktiv: 10 Minuten
vegan | glutenfrei | laktosefrei
158 kcal | 663 kJ

Ingwer schälen und reiben. Orangen auspressen. Apfel vierteln, entkernen und schälen. Gurke waschen und mit Apfelvierteln in Würfel schneiden. 1 Msp. Limettenschale abreiben und Limette auspressen.

Apfel- und Gurkenwürfel mit Orangensaft, 1 EL Limettensaft, Limettenschale, Ingwer und Wasser zu einem Smoothie pürieren und Powersmoothie servieren.

Für 2 Gläser:

- **1 kleines Stück Ingwer (ca. 1 cm)**
- **2 Orangen**
- **1 süßlicher Apfel (z. B. Gala Royal)**
- **1/4 Salatgurke**
- **1 unbehandelte Limette**
- **100 ml Wasser**

Info

Warum haben Smoothies jetzt Punkte?
Wenn Obst bewusst gegessen und gekaut wird, sättigt es besser. Stell dir einen Smoothie vor, der aus 1 Gurke, 1 Orange und 1 Banane besteht. Das alles püriert ist schnell getrunken. Wenn man alles aufschneiden und essen würde, würde das nicht nur länger dauern, sondern man wäre auch eher satt. Somit gilt: Obst und Gemüse, das zu einem Getränk verarbeitet wird, hat SmartPoints!

Snacks für zwischendurch

Pikante Schafskäsemuffins mit Röstzwiebeln

3 SmartPoints Wert

fertig in: 70 Minuten | davon aktiv: 35 Minuten
vegetarisch | einfrieren
135 kcal | 557 kJ

Für 12 Stück:

- 7 getrocknete Tomaten ohne Öl
- 300 ml lauwarmes Wasser
- 120 g Schafskäse, 25 % Fett i. Tr.
- 1 Würfel Hefe
- Salz, Pfeffer
- 280 g Dinkelmehl
- 2 EL gehackter Oregano
- 3 EL Röstzwiebeln
- 1/2 Salatgurke
- 250 g Magerquark

Tomaten in 50 ml Wasser ca. 10 Minuten einweichen, abtropfen lassen und dabei den Sud auffangen. Tomaten mit Schafskäse in kleine Würfel schneiden.

Hefe zerbröckeln und im restlichen Wasser auflösen. 1 TL Salz, Tomatensud und Mehl dazugeben und zu einem glatten Teig verrühren. Tomaten-, Schafskäsewürfel, Oregano und Röstzwiebeln unter den Teig heben.

Teig in 12 Silikon-Muffinförmchen füllen, ca. 10 Minuten gehen lassen und auf mittlerer Schiene in den kalten Backofen stellen. Muffins bei 180° C (Gas: Stufe 2, Umluft: 160° C) ca. 45 Minuten backen.

Gurke waschen, grob raspeln und mit Quark verrühren. Gurkenquark mit Salz und Pfeffer abschmecken und mit Schafskäsemuffins servieren.

Info

Die Muffins eignen sich sehr gut zum Einfrieren. Je nach Bedarf kannst du sie einfach auftauen und bei 160° C Ober- und Unterhitze ca. 10–15 Minuten aufbacken.

French Toast mit Pestocreme

4 SmartPoints Wert

fertig in: 20 Minuten | davon aktiv: 20 Minuten
vegetarisch
161 kcal | 676 kJ

Basilikum waschen, trocken schütteln und Blätter abzupfen. Basilikum mit Parmesan, Zitronenschale und Frischkäse pürieren und mit Salz und Pfeffer abschmecken.

Tomaten waschen und in Scheiben schneiden. 2 TL Öl in einer Pfanne auf mittlerer Stufe erhitzen, Tomatenscheiben darin ca. 2–3 Minuten von jeder Seite braten, mit Salz und Pfeffer würzen und herausnehmen.

Ei mit Milch in einem tiefen Teller verquirlen, mit Salz und Pfeffer würzen und Toastscheiben darin wenden. Restliches Öl in einer Pfanne auf mittlerer bis hoher Stufe erhitzen und Toast darin ca. 1 Minute von jeder Seite braten. Salat waschen und trocken schütteln.

French Toast diagonal halbieren, mit Salatblättern belegen, mit Pestocreme beträufeln und mit Tomatenscheiben belegt servieren.

Für 4 Personen:

1/2 Bund Basilikum
1 EL Parmesanhobel
1 Msp. abgeriebene unbehandelte Zitronenschale
1 EL Frischkäse, bis 1 % Fett absolut
Salz, Pfeffer
4 Tomaten
3 TL Olivenöl
1 Ei
50 ml entrahmte Milch
4 kleine Scheiben Toast
einige Blätter Eichblattsalat

Feine Teigtaschen mit Tatar

4 SmartPoints Wert

fertig in: 50 Minuten | davon aktiv: 30 Minuten
134 kcal | 560 kJ

Für 12 Stück:

- **200 g Blattspinat (TK)**
- **1 kleine Zwiebel**
- **1 TL Rapsöl**
- **100 g Tatar**
- **1 TL Harissapulver**
- **2 EL Tomatenmark**
- **3 EL geriebener Pecorino (ersatzweise Parmesan)**
- **3 EL Frischkäse, bis 1 % Fett absolut**
- **Salz, Pfeffer**
- **1 Packung Pizzateig (Frischprodukt, 450 g)**
- **1 Eigelb**
- **1 EL entrahmte Milch**

Spinat auftauen lassen, ausdrücken und hacken. Zwiebel schälen und in feine Würfel schneiden.

Öl in einer Pfanne auf mittlerer bis hoher Stufe erhitzen und Tatar mit Zwiebelwürfeln, Harissapulver und Tomatenmark darin ca. 7–8 Minuten krümelig anbraten. Backofen auf 180° C (Gas: Stufe 2, Umluft: 160° C) vorheizen.

Spinat, Pecorino und Frischkäse unter die Tatarmischung heben und mit Salz und Pfeffer abschmecken. Pizzateig nach Packungsanweisung ausrollen, in 12 Quadrate schneiden und Spinat-Tatar-Masse darauf verteilen. Teigquadrate zu Dreiecken zusammenklappen und die Ränder mit einer Gabel fest andrücken.

Teigtaschen auf ein mit Backpapier ausgelegtes Backblech legen, Eigelb mit Milch verquirlen und Teigtaschen damit bestreichen. Teigtaschen im Backofen auf mittlerer Schiene ca. 15–20 Minuten backen und servieren.

← Zweierlei Wraphappen

3 SmartPoints Wert

fertig in: 20 Minuten | davon aktiv: 20 Minuten
117 kcal | 488 kJ

Rucola und Schnittlauch waschen. Rucola trocken schleudern und grob hacken, Schnittlauch trocken schütteln und in Ringe schneiden. Für die Creme Frischkäse und Feigensenf verrühren und mit Salz und Pfeffer würzen.

Graved Lachs in Streifen schneiden. Tortilla Wraps nach Packungsanweisung erwärmen und mit Senfcreme bestreichen.

Rucola und Schnittlauch mittig in einer Linie auf den Tortilla Wraps verteilen. Graved-Lachs-Streifen und Roastbeef jeweils auf einem Tortilla Wrap verteilen und einrollen.

Jeden Wrap in 4 Stücke schneiden und jeweils 2 verschiedene Wraphappen auf einen Spieß stecken. Zweierlei Wraphappen servieren.

Für 4 Stück:

50 g Rucola
1/2 Bund Schnittlauch
3 EL Frischkäse, bis 1 % Fett absolut
1 EL Feigensenf
Salz, Pfeffer
50 g Graved Lachs
2 kleine Tortilla Wraps
2 Scheiben Roastbeef

Kleine Schinkenröllchen mit Hüttenkäse

1 SmartPoints Wert

fertig in: 15 Minuten | davon aktiv: 15 Minuten
low carb
Pro 4 Stück: 41 kcal | 173 kJ

Rettich schälen und grob raspeln. Hüttenkäse mit Schnittlauch, Rettichraspeln, Meerrettich und Balsamicocreme vermischen und mit Salz und Cayennepfeffer würzen.

Schinken mit Hüttenkäsemasse bestreichen und aufrollen. Schinkenröllchen in je 6 Stücke schneiden, mit Spießen fixieren und servieren.

Für 24 Stück:

100 g Rettich
100 g Hüttenkäse, bis 5 % Fett absolut
1 EL Schnittlauchringe
1/2 TL Tafelmeerrettich
1 TL helle Balsamicocreme
Salz
1 Prise Cayennepfeffer
4 Scheiben gekochter Schinken

Aromatische Rosmarinschnecken mit Parmesan

3 SmartPoints Wert

fertig in: 45 Minuten | davon aktiv: 15 Minuten
vegetarisch | einfrieren
98 kcal | 411 kJ

Backofen auf 180° C (Gas: Stufe 2, Umluft: 160° C) vorheizen. Tomatenmark mit Rosmarin, Brühe, Honig und Parmesan verrühren und mit Salz und Pfeffer abschmecken.

Pizzateig nach Packungsanweisung ausrollen, mit Rosmarincreme bestreichen, der Länge nach aufrollen und in 14 Scheiben schneiden. Rosmarinschnecken auf einem mit Backpapier ausgelegten Backblech verteilen, im Backofen auf mittlerer Schiene ca. 25–30 Minuten backen und servieren.

Für 14 Stück:

75 g Tomatenmark
1 EL gehackter Rosmarin
80 ml Gemüsebrühe (1/2 TL Instantpulver)
1 TL Honig
3 EL geriebener Parmesan
Salz, Pfeffer
1 Packung Pizzateig (Frischprodukt, 450 g)

Thunfisch-Kräuter-Bällchen

3 SmartPoints Wert

fertig in: 25 Minuten | davon aktiv: 20 Minuten
low carb
130 kcal | 542 kJ

Für 4 Personen:

- **1 Schalotte**
- **1 EL Kapern**
- **150 g Knollensellerie**
- **1 Dose Thunfisch im eigenen Saft (150 g Abtropfgewicht)**
- **2 EL Paniermehl**
- **1 Ei**
- **1 EL Schnittlauchringe**
- **1 EL gehackte Petersilie**
- **Salz, Pfeffer**
- **1 TL Rapsöl**
- **4 EL saure Sahne**
- **1 EL Magerquark**
- **2 Msp. abgeriebene unbehandelte Zitronenschale**
- **1 Prise Zucker**

Schalotte schälen und in feine Würfel schneiden. Kapern hacken. Sellerie schälen und fein reiben.

Thunfisch abtropfen lassen, gut ausdrücken, mit Paniermehl, Schalottenwürfeln, Sellerie, Ei, Kapern, Schnittlauch und Petersilie verkneten und mit Salz und Pfeffer würzen.

Thunfischmasse zu 20 kleinen Bällchen formen. Öl in einer Pfanne erhitzen und Thunfisch-Kräuter-Bällchen darin ca. 5–6 Minuten rundherum braten.

Für den Dip saure Sahne mit Quark, Zitronenschale und Zucker verrühren und mit Salz und Pfeffer abschmecken. Thunfisch-Kräuter-Bällchen mit Dip servieren.

Bärlauchecken mit Tomaten

1 SmartPoints Wert™

fertig in: 70 Minuten | davon aktiv: 20 Minuten
vegetarisch
31 kcal | 129 kJ

Tomaten in Brühe ca. 10 Minuten einweichen. Bärlauch waschen, trocken schütteln und hacken. Tomaten abtropfen lassen und in feine Würfel schneiden.

Mehl mit Tomatenwürfeln und Bärlauch mischen und mit Margarine, Ei, Salz und Paprikapulver zu einem glatten Mürbeteig verkneten. Teig zu einer Kugel formen und in Frischhaltefolie gewickelt ca. 30 Minuten kalt stellen.

Backofen auf 200° C (Gas: Stufe 3, Umluft: 180° C) vorheizen. Teig zwischen Frischhaltefolie zu einem Rechteck (ca. 20 x 30 cm) ausrollen und in 24 Quadrate schneiden. Zu Dreiecken halbieren, auf ein mit Backpapier ausgelegtes Backblech legen und im Backofen auf mittlerer Schiene ca. 15–20 Minuten backen. Bärlauchecken abkühlen lassen und nach Wunsch mit Dip servieren.

Für 48 Stück:

- **3 getrocknete Tomaten ohne Öl**
- **75 ml heiße Gemüsebrühe (1/2 TL Instantpulver)**
- **1 Bund Bärlauch (50 g)**
- **250 g Mehl**
- **125 g Halbfettmargarine**
- **1 Ei**
- **1 TL Salz**
- **1 TL Paprikapulver**

UP GRADE

Für mediterrane Kichererbsen ersetze einfach das Currypulver durch gemahlenen Rosmarin, Thymian oder Oregano und das Sesamöl durch Olivenöl.

← Knusprige Kichererbsen

3 SmartPoints Wert

fertig in: 30 Minuten | davon aktiv: 10 Minuten
vegetarisch | glutenfrei | laktosefrei
109 kcal | 455 kJ

Backofen auf 220° C (Gas: Stufe 4, Umluft: 200° C) vorheizen. Kichererbsen abspülen, abtropfen lassen und trocken tupfen. Kichererbsen mit Öl vermischen, auf ein Backblech geben und im Backofen auf oberster Schiene ca. 20–25 Minuten knusprig backen, dabei alle ca. 5 Minuten wenden.

Für die Gewürzmischung Curry-, Paprikapulver und Meersalz vermischen. Kichererbsen mit Gewürzmischung vermengen, abkühlen lassen und servieren.

Für 4 Personen:

1 Dose Kichererbsen (265 g Abtropfgewicht)
2 TL Sesamöl
2 Msp. Currypulver
1/4 TL Paprikapulver
1/2 TL Meersalz

Schoko-Obst-Spieße mit Marshmallows

3 SmartPoints Wert

fertig in: 40 Minuten | davon aktiv: 15 Minuten
98 kcal | 409 kJ

Trauben und Erdbeeren waschen und Erdbeeren trocken tupfen. Melone halbieren, Kerne mit einem Löffel entfernen und mit einem Kugelausstecher Melonenkugeln ausstechen. Marshmallows gegebenenfalls halbieren.

Trauben, Erdbeeren, Melonenkugeln und Marshmallows im Wechsel auf 8 Spieße stecken. Schokolade hacken und in einem warmen Wasserbad schmelzen. Spieße mit Schokolade verzieren, auskühlen lassen und servieren.

Für 8 Stück:

200 g kernlose helle Weintrauben
200 g kleine Erdbeeren
1 kleine Galiamelone (ca. 400 g)
60 g Marshmallows
40 g Zartbitter-Schokolade

Mittagessen im Büro

Gemüse-Pitatasche mit Austernpilzen

9 SmartPoints Wert™

fertig in: 45 Minuten | davon aktiv: 20 Minuten
vegetarisch
382 kcal | 1601 kJ

Paprika waschen, entkernen und in schmale Streifen schneiden. Karotte schälen und in feine Stifte schneiden. Austernpilze trocken abreiben und in Streifen schneiden.

Öl in einer Pfanne auf mittlerer bis hoher Stufe erhitzen und Karottenstifte darin ca. 2–3 Minuten anbraten. Paprikastreifen dazugeben und weitere ca. 3 Minuten braten.

Pilzstreifen dazugeben und weitere ca. 3–4 Minuten braten. Gemüse mit Currypaste würzen und leicht abkühlen lassen.

Pitatasche rösten. Rucola waschen, trocken schleudern und in mundgerechte Stücke zerteilen. Gemüse mit saurer Sahne, Schnittlauch und Balsamicocreme verfeinern, Rucola unterheben und mit Salz und Pfeffer abschmecken.

Pitatasche mit etwas Gemüsemischung füllen und mit restlichem Gemüse als Salat servieren.

Für 1 Person:

- **1 kleine rote Paprika**
- **1 Karotte**
- **150 g Austernpilze (ersatzweise braune Champignons)**
- **1 TL Rapsöl**
- **1 Msp. rote Curry-Würzpaste**
- **1 Pitatasche**
- **75 g Rucola**
- **2 EL saure Sahne**
- **1 TL Schnittlauchringe**
- **1 EL Balsamicocreme**
- **Salz, Pfeffer**

← Chicken Sandwich „Sweet Pepper“

7 SmartPoints Wert™

fertig in: 15 Minuten | davon aktiv: 15 Minuten
305 kcal | 1279 kJ

Hähnchenbrustfilet abspülen, trocken tupfen und mit Salz, Pfeffer und Paprikapulver würzen. Öl in einer Pfanne auf mittlerer bis hoher Stufe erhitzen und Hähnchenbrustfilet darin ca. 5–6 Minuten von jeder Seite braten.

Paprika waschen, entkernen und in Streifen schneiden. Toast rösten. Für die Creme Joghurt mit Salatcreme, Ajvar und Thymian verrühren und mit Salz und Pfeffer abschmecken. Salat waschen und trocken schütteln. Gewürzgurke längs in Scheiben schneiden.

Toastscheiben mit Creme bestreichen. Hähnchenbrustfilet in Scheiben schneiden. 2 Toastscheiben mit Salat, Hähnchenbrust-, Gurkenscheiben und einigen Paprikastreifen belegen. Restliche Toastscheiben darauflegen, Chicken Sandwich diagonal halbieren und mit restlichen Paprikastreifen servieren.

Für 2 Personen:

- **1 Hähnchenbrustfilet (120 g)**
- **Salz, Pfeffer**
- **1/2 TL Paprikapulver**
- **2 TL Rapsöl**
- **1 rote Paprika**
- **4 kleine Scheiben Toast**
- **2 EL Magermilchjoghurt**
- **1 EL Salatcreme, bis 10 % Fett**
- **1 TL Ajvar (Paprikapaste)**
- **1/2 TL gehackter Thymian**
- **4 Blätter Römersalat**
- **1 Gewürzgurke**

Schinken-Radieschen-Sandwich

8 SmartPoints Wert™

fertig in: 10 Minuten | davon aktiv: 10 Minuten
294 kcal | 1230 kJ

Für die Creme Frischkäse, Meerrettich und Dill verrühren und mit Salz und Pfeffer abschmecken. Radieschen waschen und in Scheiben schneiden. Salat waschen und trocken schütteln.

Brotscheiben mit der Frischkäsecreme bestreichen. 1 Scheibe mit Salat, Radieschenscheiben und Lachsschinken belegen und mit der anderen Scheibe abdecken. Schinken-Radieschen-Sandwich halbieren und servieren.

Für 1 Person:

- **2 EL Frischkäse, bis 1 % Fett absolut**
- **1/2 TL Tafelmeerrettich**
- **2 TL gehackter Dill**
- **Salz, Pfeffer**
- **8 Radieschen**
- **2 Blätter Kopfsalat**
- **2 Scheiben Roggenvollkornbrot (Schwarzbrot)**
- **4 Scheiben Lachsschinken**

Schneller Spinat-Ciabatta-Burger

9 SmartPoints Wert

fertig in: 20 Minuten | davon aktiv: 20 Minuten
vegetarisch
323 kcal | 1351 kJ

Spinat auftauen lassen, gut ausdrücken und grob hacken. Zwiebel schälen und würfeln. Knoblauch pressen.

Spinat mit Haferflocken, Ei, Zwiebelwürfeln, Knoblauch und Käse vermengen, mit Salz und Pfeffer würzen und zu 8 Bratlingen formen.

Öl in einer Pfanne auf mittlerer bis hoher Stufe erhitzen und Bratlinge darin ca. 3–4 Minuten von jeder Seite braten.

Brötchen aufschneiden und mit Frischkäse bestreichen. Untere Hälften mit Spinatbratlingen und Tomatenpaprikastreifen belegen, mit oberen Brötchenhälften abdecken und Spinat-Ciabatta-Burger servieren.

Für 4 Personen:

- 400 g Blattspinat (TK)
- 1 Zwiebel
- 1 Knoblauchzehe
- 50 g zarte Haferflocken
- 1 Ei
- 3 EL geriebener Käse, 30 % Fett i. Tr.
- Salz, Pfeffer
- 2 TL Rapsöl
- 4 Ciabattabrötchen
- 100 g Kräuterfrischkäse, bis 1 % Fett absolut
- 4 EL Tomatenpaprikastreifen (Glas)

← Guacamolewraps mit Räucherlachs

7 SmartPoints Wert

fertig in: 20 Minuten | davon aktiv: 20 Minuten
251 kcal | 1050 kJ

Paprika waschen, entkernen und in sehr kleine Würfel schneiden. Frühlingszwiebel waschen und in Ringe schneiden. Avocado halbieren, Stein entfernen und Fruchtfleisch aus der Schale lösen.

Avocadofruchtfleisch mit einer Gabel zerdrücken und mit Zitronensaft, Joghurt, Koriander, Frühlingszwiebelringen und einigen Paprikawürfeln verrühren. Guacamole mit Salz und Pfeffer abschmecken.

Räucherlachs in Streifen schneiden. Rucola waschen und trocken schleudern. Tortilla Wraps nach Packungsanweisung erwärmen.

Tortilla Wraps in der Mitte dünn mit Guacamole bestreichen und mit Rucola, restlichen Paprikawürfeln und Lachsstreifen belegen. Die Seiten leicht einklappen, aufrollen und Guacamolewraps servieren.

Für 4 Personen:

1 kleine gelbe Paprika
1 Frühlingszwiebel
100 g Avocado
1 TL Zitronensaft
2 EL fettarmer Joghurt
1 TL gehackter Koriander
Salz, Pfeffer
100 g Räucherlachs
60 g Rucola
4 kleine Tortilla Wraps

Gefüllter Schinkencrêpe mit Paprika

10 SmartPoints Wert

fertig in: 25 Minuten | davon aktiv: 20 Minuten
480 kcal | 2010 kJ

Mehl mit Milch, Ei und Salz verrühren und ca. 10 Minuten quellen lassen.

Salat waschen, trocken schleudern und in mundgerechte Stücke zerteilen. Paprika waschen, entkernen und mit Schinken in Streifen schneiden.

Für die Creme saure Sahne mit Ajvar und Schnittlauch verrühren und mit Salz und Pfeffer würzen.

Öl in einer Pfanne auf mittlerer Stufe erhitzen und darin einen Crêpe backen, dabei ca. 2–3 Minuten von jeder Seite braten. Crêpe mit Creme bestreichen, mit Salat, Paprika- und Schinkenstreifen belegen und zusammenklappen. Schinkencrêpe servieren.

Für 1 Person:

2 EL Mehl
80 ml entrahmte Milch
1 Ei
Salz, Pfeffer
1 kleines Römersalatherz
1 rote Paprika
1 Scheibe gekochter Schinken
2 EL saure Sahne
1 TL Ajvar (Paprikapaste)
1 TL Schnittlauchringe
1 TL Rapsöl

Maki mit Putenbrust und Gurke

8 SmartPoints Wert

fertig in: 60 Minuten I davon aktiv: 30 Minuten
399 kcal I 1669 kJ

Für 1 Person:

- **50 g trockener Sushireis**
- **Salz**
- **2–3 TL Reisessig**
- **1 TL Ahornsirup**
- **1 Salatgurke**
- **2 EL Frischkäse, bis 1 % Fett absolut**
- **1 TL Wasabipaste**
- **2 Noriblätter**
- **6 Scheiben Geflügelbrustaufschnitt**
- **4 EL Sojasauce**

Reis nach Packungsanweisung in Salzwasser garen. Essig mit Ahornsirup und 1/4 TL Salz verquirlen. Reis mit Essigmischung vermengen und ausdampfen lassen.

Gurke waschen, längs vierteln, Kerne mit einem Löffel entfernen und Gurkenviertel in Stifte schneiden. Frischkäse mit Wasabipaste verrühren.

Noriblatt mit der glänzenden Seite nach unten auf eine Bambusmatte legen. Die Hälfte Reis darauf verteilen und oben an einer der Längsseiten einen ca. 2 cm breiten Rand zum Verschließen der Makirolle frei lassen.

Reisfläche mit etwas Wasabicreme bestreichen. Einige Gurkenstifte und 3 Scheiben Geflügelbrustaufschnitt auf das untere Drittel der Reisfläche legen. Noriblatt mithilfe der Bambusmatte von unten nach oben aufrollen. Reisfreien Noriblattrand mit Wasser anfeuchten, an der Makirolle festkleben und Rolle auf die Klebeflächen legen.

Vorgang mit den restlichen Zutaten wiederholen. Makirollen in je 8 Stücke schneiden, mit Sojasauce beträufeln und mit restlichen Gurkenstiften servieren.

Tomaten mit Thunfisch-Avocado-Füllung

8 SmartPoints Wert

fertig in: 20 Minuten I davon aktiv: 20 Minuten
307 kcal I 1285 kJ

Tomaten waschen, 1 Tomate entkernen und würfeln. Avocado halbieren, Stein entfernen, Fruchtfleisch aus der Schale lösen und mit Zitronensaft zerdrücken.

Thunfisch abtropfen lassen. Avocado mit Kapern, Schmand, Thunfisch, Tomatenwürfeln, Thymian, Salz und Pfeffer verrühren.

Baguette rösten. Von den restlichen Tomaten einen Deckel abschneiden, aushöhlen, von innen salzen und mit Thunfisch-Avocado-Creme füllen.

Salat waschen, trocken schleudern, in mundgerechte Stücke zerteilen und mit Dressing vermischen. Tomaten mit Salat und Baguette servieren.

Für 4 Personen:

5 Fleischtomaten
200 g Avocado
1 TL Zitronensaft
1 Dose Thunfisch im eigenen Saft (150 g Abtropfgewicht)
1 TL Kapern
2 EL Schmand
2 TL gehackter Thymian
Salz, Pfeffer
4 Scheiben Baguette
1 Lollo bianco
1 Becher Weight Watchers Frisches Balsamico Dressing

Thunfischsalat mit Paprika und Bohnen

9 SmartPoints Wert™

fertig in: 15 Minuten | davon aktiv: 15 Minuten
laktosefrei
384 kcal | 1607 kJ

Salat waschen, trocken schleudern und in mundgerechte Stücke zerteilen. Zwiebel schälen und in Streifen schneiden. Weiße Bohnen abspülen, mit Tomatenpaprikastreifen, grünen Bohnen, Mais und Thunfisch abtropfen lassen und vermischen. Salat und Zwiebelstreifen unterheben.

Für das Dressing Knoblauch pressen, mit Thymian, Essig, Paprikamark, Brühe, Öl und Honig verrühren und mit Salz und Pfeffer würzen. Thunfischsalat mit Dressing vermischen und mit Roggenvollkornbrot servieren.

Für 4 Personen:

- 1 Römersalatherz
- 1 rote Zwiebel
- 1 Dose weiße Bohnen (255 g Abtropfgewicht)
- 1 Glas Tomatenpaprikastreifen (310 g Abtropfgewicht)
- 1 Glas grüne Bohnen (370 g Abtropfgewicht)
- 1 Dose Mais (285 g Abtropfgewicht)
- 1 Dose Thunfisch im eigenen Saft (150 g Abtropfgewicht)
- 1 Knoblauchzehe
- 1 EL gehackter Thymian
- 4 EL Weißweinessig
- 2 EL Paprikamark
- 75 ml laktosefreie Gemüsebrühe (1/2 TL Instantpulver)
- 2 TL Olivenöl
- 1 TL Honig
- Salz, Pfeffer
- 4 Scheiben Roggenvollkornbrot (Schwarzbrot)

Erfrischender Erdbeer-Couscous-Salat mit Minze

8 SmartPoints Wert™

fertig in: 20 Minuten | davon aktiv: 20 Minuten
vegetarisch
351 kcal | 1468 kJ

1 TL Orangenschale abreiben und Orangen auspressen. Orangensaft und -schale mit Wasser und Vanillezucker in einem Topf verrühren und aufkochen. Couscous dazugeben, nach Packungsanweisung darin garen und abkühlen lassen.

Erdbeeren waschen, trocken tupfen und vierteln. Minze waschen, trocken schütteln, hacken und mit Joghurt verrühren. Mozzarella trocken tupfen, würfeln und mit Erdbeervierteln und Orangencouscous vermengen. Erdbeer-Couscous-Salat mit Minzjoghurt servieren.

Für 4 Personen:

- **2 unbehandelte Orangen**
- **125 ml Wasser**
- **1 Päckchen Vanillezucker**
- **200 g trockener Couscous**
- **750 g Erdbeeren**
- **5–6 Stängel Minze**
- **125 g fettarmer Joghurt**
- **1 Kugel fettreduzierter Mozzarella**

Ein leichter Begleiter für deine Mittagspause ist auch der Weight Watchers Bulgursalat Orient für 11 SmartPoints.

Frisée-Himbeer-Salat mit Ziegenkäse

11 SmartPoints Wert

fertig in: 20 Minuten | davon aktiv: 20 Minuten
vegetarisch
406 kcal | 1955 kJ

Backofen auf 200° C (Gas: Stufe 3, Umluft: 180° C) vorheizen. Salat waschen, trocken schleudern und in mundgerechte Stücke zerteilen.

Für das Dressing 100 g Himbeeren waschen, trocken tupfen, mit Knoblauch, Brühe, Essig und Öl pürieren, salzen und pfeffern.

Ziegenkäsetaler auf ein mit Backpapier ausgelegtes Backblech legen und im Backofen auf oberster Schiene ca. 4–5 Minuten backen. Apfel waschen, vierteln, entkernen und in dünne Spalten schneiden.

Brot rösten und in Dreiecke schneiden. Salat und Apfelspalten auf Tellern verteilen. Restliche Himbeeren und Ziegenkäsetaler auf dem Salat anrichten, mit Dressing beträufeln und mit Brotecken servieren.

Für 2 Personen:

1/2 Kopf Friséesalat
250 g Himbeeren
1/2 Knoblauchzehe
75 ml Gemüsebrühe (1/2 TL Instantpulver)
1 EL Himbeeressig
2 TL Olivenöl
Salz, Pfeffer
6 Ziegenfrischkäsetaler, 45 % Fett i. Tr.
1 säuerlicher Apfel (z. B. Braeburn)
2 Scheiben Roggenvollkornbrot (Schwarzbrot)

Thailändischer Tofu-Gemüse-Salat

5 SmartPoints Wert™

fertig in: 25 Minuten | davon aktiv: 25 Minuten
vegan
446 kcal | 1869 kJ

Für die Marinade Orange auspressen und Orangensaft mit 4 EL Sojasauce verrühren. Tofu würfeln, mit Marinade in einen Gefrierbeutel geben, vorsichtig vermischen und ca. 15 Minuten marinieren.

Broccoli, Lauch, Paprika und Mungobohnensprossen waschen. Broccoli in kleine Röschen teilen. Paprika entkernen und in Streifen, Lauch in Ringe schneiden. Mungobohnensprossen abtropfen lassen.

Broccoliröschen in Salzwasser ca. 4–5 Minuten bissfest garen, abgießen und abschrecken.

Tofuwürfel abtropfen lassen und dabei die Marinade auffangen. Öl in einer Pfanne auf mittlerer bis hoher Stufe erhitzen und Tofuwürfel darin ca. 5 Minuten rundherum braten.

Für das Dressing Essig mit Brühe, restlicher Sojasauce, Sambal Oelek, Koriander und Marinade verrühren. Tofuwürfel mit Broccoliröschen, Paprikastreifen, Lauchringen, Mungobohnensprossen und Dressing vermischen. Tofu-Gemüse-Salat servieren.

Für 2 Personen:

1 Orange
6 EL Sojasauce
200 g Tofu
300 g Broccoli
1 Stange Lauch
2 rote Paprika
200 g Mungobohnensprossen
Salz
2 TL Sesamöl
2 EL Reisessig
100 ml Gemüsebrühe (1/2 TL Instantpulver)
1 TL Sambal Oelek
3 TL gehackter Koriander

Geschmorte Gyros-Weißkohl-Pfanne

5 SmartPoints Wert

fertig in: 50 Minuten | davon aktiv: 40 Minuten
low carb
321 kcal | 1345 kJ

Zwiebel schälen. Weißkohl putzen, vierteln, den Strunk entfernen und Weißkohl mit Zwiebel in Streifen schneiden. Schweineschnitzel trocken tupfen und in Streifen schneiden.

2 TL Öl in einer Pfanne auf mittlerer bis hoher Stufe erhitzen, Schnitzelstreifen darin ca. 3–5 Minuten rundherum anbraten, mit Salz, Pfeffer, Oregano und Paprikapulver würzen und herausnehmen.

Restliches Öl im Bratensatz auf mittlerer Stufe erhitzen, Zwiebel und Weißkohlstreifen darin ca. 3–4 Minuten anbraten, mit Brühe ablöschen und mit Deckel ca. 20 Minuten garen.

Schafskäse würfeln. Schnitzelstreifen unter den Weißkohl heben, kurz erwärmen und mit Salz und Pfeffer würzen. Gyros-Weißkohl-Pfanne mit Schafskäsewürfeln bestreuen und servieren.

Für 4 Personen:

1 Zwiebel
1 Weißkohl (ca. 1 kg)
480 g Schweineschnitzel
4 TL Rapsöl
Salz, Pfeffer
2 EL gehackter Oregano
1 TL Paprikapulver
200 ml Gemüsebrühe (1 TL Instantpulver)
150 g Schafskäse, 25 % Fett i. Tr.

Orientalisches Taboulé mit Minze

7 SmartPoints Wert

fertig in: 20 Minuten | davon aktiv: 20 Minuten
vegetarisch
297 kcal | 1243 kJ

Bulgur nach Packungsanweisung in Salzwasser garen. Tomaten, Gurke und Frühlingszwiebeln waschen. Tomaten mit Gurke würfeln und Frühlingszwiebeln in Ringe schneiden. Petersilie und Minze waschen, trocken schütteln und hacken.

Für das Dressing 1 EL Zitronensaft mit Brühe, Öl, Kreuzkümmel und Minze verrühren und mit Salz und Pfeffer abschmecken.

Bulgur mit Petersilie, Tomaten-, Gurkenwürfeln, Frühlingszwiebelringen und Dressing vermischen. Restlichen Zitronensaft mit Joghurt verrühren und mit Salz abschmecken. Taboulé mit Joghurt anrichten und nach Wunsch mit Zitronenschale bestreut servieren.

Für 2 Personen:

100 g trockener Bulgur
Salz, Pfeffer
2 Tomaten
1 Salatgurke
1/2 Bund Frühlingszwiebeln
3 Stängel glatte Petersilie
1 Stängel Minze
2 EL Zitronensaft
50 ml Gemüsebrühe (2 Prisen Instantpulver)
1 TL Olivenöl
1 TL Kreuzkümmel
150 g Magermilchjoghurt

Würziger Bratkartoffelsalat mit Roter Bete

8 SmartPoints Wert

fertig in: 25 Minuten | davon aktiv: 10 Minuten
430 kcal | 1800 kJ

Für 1 Person:

- **200 g festkochende Kartoffeln**
- **1 rote Zwiebel**
- **1 kleines Römersalatherz**
- **1 vorgegarte Rote Bete (vakuumverpackt)**
- **2 Gewürzgurken**
- **2 TL Olivenöl**
- **40 g magere Schinkenwürfel**
- **Salz, Pfeffer**
- **2 EL Gemüsebrühe (1 Prise Instantpulver)**
- **1 TL körniger Senf**
- **1 TL Schnittlauchringe**

Kartoffeln waschen, mit einer Gabel einstechen und mit Schale in einem zugedeckten Glasgefäß in der Mikrowelle bei 600 Watt ca. 5 Minuten garen.

Zwiebel schälen und in Würfel schneiden. Einige Zwiebelwürfel für das Dressing beiseitestellen. Salat waschen, trocken schleudern und in mundgerechte Stücke zerteilen. Rote Bete würfeln und Gurken in Scheiben schneiden.

Kartoffeln pellen und in Scheiben schneiden. 1 TL Öl in einer Pfanne auf mittlerer Stufe erhitzen. Kartoffelscheiben und Schinkenwürfel darin ca. 8 Minuten goldbraun braten, mit Salz und Pfeffer würzen und leicht abkühlen lassen.

Für das Dressing restliche Zwiebelwürfel mit Brühe, restlichem Öl, Senf und Schnittlauch verrühren und mit Salz und Pfeffer abschmecken.

Bratkartoffeln mit Salat, Zwiebel-, Rote-Bete-Würfeln und Gurkenscheiben vermischen. Dressing unter den Bratkartoffelsalat heben und servieren.

Mangosalat mit Steakstreifen

8 SmartPoints Wert

fertig in: 30 Minuten | davon aktiv: 30 Minuten
519 kcal | 2173 kJ

Für 4 Personen:

- **200 g trockener Couscous**
- **250 ml heiße Gemüsebrühe (1 TL Instantpulver)**
- **1 Mango**
- **je 2 rote und grüne Paprika**
- **1/2 Bund glatte Petersilie**
- **1 Limette**
- **4 Rinderhüftsteaks (à 150 g)**
- **2 TL Rapsöl**
- **Salz, Pfeffer**
- **1/4 TL Kreuzkümmel**

Couscous nach Packungsanweisung in Brühe garen. Mango schälen, das Fruchtfleisch vom Stein schneiden und würfeln. Paprika waschen, entkernen und in Würfel schneiden. Petersilie waschen, trocken schütteln und in Streifen schneiden. Limette auspressen.

Steaks trocken tupfen. Öl in einer Pfanne auf hoher Stufe erhitzen, Steaks darin ca. 3–5 Minuten von jeder Seite braten und mit Salz, Pfeffer und Kreuzkümmel würzen.

Couscous mit Mango-, Paprikawürfeln, Petersilienstreifen, Limettensaft, Salz und Pfeffer vermischen. Steaks in Streifen schneiden und auf Mangosalat servieren.

Fruchtiges Mangoporridge

9 SmartPoints Wert

fertig in: 15 Minuten | davon aktiv: 10 Minuten
vegetarisch
366 kcal | 1534 kJ

Milch in einem Topf auf mittlerer Stufe erhitzen, Haferflocken einrühren und unter Rühren aufkochen. Mango schälen, das Fruchtfleisch vom Stein schneiden und Mango würfeln. Mangowürfel unterheben und ca. 5–8 Minuten auf niedriger Stufe köcheln lassen.

Topf vom Herd nehmen und Joghurt unter das Porridge rühren. Mangoporridge mit Honig beträufeln und servieren.

Für 2 Personen:

350 ml entrahmte Milch
100 g zarte Haferflocken
1 Mango
4 EL Magermilchjoghurt
2 TL Honig

Bunter Salat mit Schafskäse

7 SmartPoints Wert

fertig in: 20 Minuten | davon aktiv: 20 Minuten
vegetarisch
301 kcal | 1260 kJ

Salat waschen, trocken schleudern und grob hacken. Zwiebel schälen und in Streifen schneiden. Maiskölbchen abtropfen lassen und in Stücke schneiden. Tomaten waschen und vierteln. Schafskäse würfeln.

Für das Dressing Buttermilch mit 2 EL Schafskäsewürfel und Honig pürieren. Schnittlauch unterheben und mit Salz und Pfeffer abschmecken. Brötchen in Scheiben schneiden.

Salat mit Zwiebelstreifen, restlichen Schafskäsewürfeln, Tomatenvierteln, Maiskölbchenstücken und Dressing vermischen und mit Brötchenscheiben servieren.

Für 2 Personen:

1 kleiner Endiviensalat (ca. 300 g)
1 kleine rote Zwiebel
1 Glas Maiskölbchen (190 g Abtropfgewicht)
200 g Cocktailtomaten
120 g Schafskäse, 25 % Fett i. Tr.
150 ml Buttermilch
1 TL Honig
1 EL Schnittlauchringe
Salz, Pfeffer
1 Roggenbrötchen

← Blitzschneller Spinat-Nudel-Salat

6 SmartPoints Wert

fertig in: 10 Minuten | davon aktiv: 10 Minuten
vegan
272 kcal | 1139 kJ

Nudeln nach Packungsanweisung in Salzwasser garen. Für das Dressing Essig, Brühe und Zitronensaft verrühren und mit Salz, Pfeffer und Paprikapulver würzen.

Schalotte schälen und würfeln. Spinat und Cocktailtomaten waschen, Spinat trocken schleudern. Tomaten halbieren und Nudeln abgießen. Nudeln mit Schalottenwürfeln, Tomatenhälften, Spinat und Dressing vermengen. Spinat-Nudel-Salat mit Petersilie bestreut servieren.

Für 1 Person:

60 g trockene Fusilli
Salz, Pfeffer
1 EL Weißweinessig
2 EL Gemüsebrühe (1 Prise Instantpulver)
1/2 TL Zitronensaft
1/2 TL Paprikapulver
1 Schalotte
100 g Baby-Blattspinat
5 Cocktailtomaten
1 TL gehackte Petersilie

Quarkmilchreis mit Nektarine

10 SmartPoints Wert

fertig in: 35 Minuten | davon aktiv: 10 Minuten
vegetarisch
365 kcal | 1527 kJ

Milch mit Wasser und Vanillezucker in einem Topf auf mittlerer Stufe erhitzen, Milchreis nach Packungsanweisung darin garen und leicht abkühlen lassen.

Nektarine waschen, halbieren, den Stein entfernen und Nektarine in Würfel schneiden. Quark mit Konfitüre verrühren und mit Nektarinenwürfeln unter den Milchreis heben. Quarkmilchreis servieren.

Für 1 Person:

125 ml entrahmte Milch
75 ml Wasser
1 Päckchen Vanillezucker
40 g trockener Milchreis
1 Nektarine
3 EL Magerquark
3 TL kalorienreduzierte Aprikosenkonfitüre

Zuckererbsensalat mit Rotbarsch

6 SmartPoints Wert

fertig in: 35 Minuten | davon aktiv: 35 Minuten
low carb
481 kcal | 2014 kJ

Zuckererbsenschoten waschen, in Salzwasser ca. 3 Minuten bissfest garen, abgießen und abschrecken. Birne waschen, vierteln und entkernen. Kohlrabi schälen und mit Birne in dünne Scheiben schneiden. Zuckererbsenschoten mit Kohlrabi- und Birnenscheiben mischen.

Rotbarschfilet abspülen, trocken tupfen und in große Würfel schneiden. Öl in einer Pfanne auf hoher Stufe erhitzen und Rotbarschwürfel darin ca. 3–5 Minuten rundherum braten. Rotbarschwürfel mit Brühe und Essig ablöschen und mit Salz, Pfeffer, Dill und Chiliflocken würzen. Rotbarschwürfel mit Sud über den Salat geben, abkühlen lassen und servieren.

Für 2 Personen:

200 g Zuckererbsenschoten
Salz, Pfeffer
1 Birne
1 Kohlrabi
420 g Rotbarschfilet
4 TL Rapsöl
75 ml Gemüsebrühe (1/2 TL Instantpulver)
3–4 EL Weißweinessig
1 EL gehackter Dill
1/4 TL Chiliflocken

Blumenkohlsalat mit Krabben

7 SmartPoints Wert

fertig in: 30 Minuten | davon aktiv: 20 Minuten
409 kcal | 1714 kJ

Blumenkohl waschen, in Röschen teilen und in Salzwasser ca. 6–7 Minuten garen. Blumenkohlröschen abgießen, ausdampfen lassen und grob hacken.

Paprika waschen, entkernen und in Würfel schneiden. Grünen Pfeffer fein hacken. Krabben abspülen und trocken tupfen.

Für das Dressing Buttermilch mit Schmand, Petersilie, Majoran, Chiliflocken, Worcestersauce, grünem Pfeffer, Essig und Honig verrühren und mit Salz und Pfeffer abschmecken.

Blumenkohlröschen mit Paprikawürfeln, Krabben und Dressing vermischen und Blumenkohlsalat mit Brot servieren.

Für 1 Person:

300 g Blumenkohl
Salz, Pfeffer
1 kleine rote Paprika
1/2 TL eingelegter grüner Pfeffer
100 g küchenfertige Krabben
75 ml Buttermilch
1 TL Schmand
1 TL gehackte Petersilie
1 TL gehackter Majoran
1 Msp. Chiliflocken
einige Tropfen Worcestersauce
1–2 EL heller Balsamicoessig
1 TL Honig
1 Scheibe Roggenvollkornbrot (Schwarzbrot)

Linsen-Lauch-Salat mit Schinkenwürfeln

9 SmartPoints Wert

fertig in: 35 Minuten | davon aktiv: 20 Minuten
laktosefrei
541 kcal | 2265 kJ

Für 1 Person:

- 80 g trockene Pardina-Linsen
- 40 g magere Schinkenwürfel
- 1 gelbe Paprika
- 1 kleine Stange Lauch
- 50 ml laktosefreie Gemüsebrühe (2 Prisen Instantpulver)
- 1 TL Olivenöl
- 1–2 EL Apfelessig
- 1 TL Johannisbeergelee
- 1/2 TL Senf
- 1 EL Schnittlauchringe
- Salz, Pfeffer

Linsen nach Packungsanweisung in Wasser bissfest garen, abgießen und leicht abkühlen lassen. Schinkenwürfel fettfrei in einer Pfanne auf mittlerer Stufe ca. 4–5 Minuten knusprig anbraten. Paprika waschen, entkernen und würfeln. Lauch waschen und in feine Ringe schneiden.

Für das Dressing Brühe mit Öl, Essig, Johannisbeergelee, Senf und Schnittlauch verrühren und mit Salz und Pfeffer abschmecken. Paprikawürfel mit Lauchringen, Linsen, Schinkenwürfeln und Dressing vermischen. Linsen-Lauch-Salat servieren.

Rote-Linsen-Karotten-Suppe

6 SmartPoints Wert

fertig in: 35 Minuten | davon aktiv: 15 Minuten
vegan | einfrieren
354 kcal | 1483 kJ

Zwiebel und Karotten schälen, Zwiebel in Würfel und Karotten in Scheiben schneiden.

Öl in einem Topf auf mittlerer Stufe erhitzen und Zwiebelwürfel mit Karottenscheiben darin ca. 3 Minuten andünsten. Linsen dazugeben, kurz mitdünsten, mit Brühe ablöschen und ca. 20 Minuten garen.

Suppe pürieren, mit Salz, Pfeffer, Kreuzkümmel und Kurkuma würzen und Rote-Linsen-Karotten-Suppe servieren.

Für 1 Person:

- **1 Zwiebel**
- **2 Karotten (ca. 200 g)**
- **1 TL Rapsöl**
- **3 EL trockene rote Linsen**
- **650 ml Gemüsebrühe (2 TL Instantpulver)**
- **Salz, Pfeffer**
- **2 Msp. Kreuzkümmel**
- **1/4 TL Kurkuma**

Cremige Süßkartoffel-Orangen-Suppe

10 SmartPoints Wert

fertig in: 45 Minuten | davon aktiv: 25 Minuten
vegan | einfrieren
440 kcal | 1844 kJ

Zwiebeln, Süßkartoffeln und Kartoffeln schälen. 1 Zwiebel mit Süßkartoffeln und Kartoffeln würfeln, restliche Zwiebeln in Ringe schneiden. 2 Msp. Orangenschale abreiben und Orangen auspressen. Ingwer schälen und reiben.

2 TL Öl in einem Topf auf mittlerer Stufe erhitzen und Zwiebel-, Süßkartoffel- und Kartoffelwürfel mit Ingwer darin kurz anbraten. Mit Orangensaft und Brühe ablöschen, mit Chili-, Paprikapulver und Orangenschale würzen und mit Deckel ca. 25 Minuten garen.

Für das Topping restliches Öl in einer Pfanne auf mittlerer bis hoher Stufe erhitzen und Zwiebelringe darin ca. 5 Minuten braten. Suppe pürieren, mit Sojacreme verfeinern, mit Salz und Pfeffer abschmecken, mit Zwiebelringen garnieren und nach Wunsch mit Orangenschale bestreut servieren.

Für 2 Personen:

- **3 Zwiebeln**
- **250 g Süßkartoffeln**
- **150 g mehligkochende Kartoffeln**
- **2 unbehandelte Orangen**
- **1 Stück Ingwer (ca. 2 cm)**
- **3 TL Rapsöl**
- **650 ml Gemüsebrühe (3 TL Instantpulver)**
- **2 Msp. Chilipulver**
- **1/2 TL Paprikapulver**
- **60 g Sojacreme, 17 % Fett**
- **Salz, Pfeffer**

← Zucchinisuppe mit Croûtons

4 SmartPoints Wert

fertig in: 25 Minuten | davon aktiv: 25 Minuten
vegetarisch
283 kcal | 1187 kJ

Zwiebel schälen und würfeln. Zucchini waschen und in Scheiben schneiden. Toastbrot in Würfel schneiden.

Öl in einem Topf auf mittlerer Stufe erhitzen und Zwiebelwürfel mit Zucchinischeiben darin ca. 1–2 Minuten anbraten. Mit Essig und Brühe ablöschen und mit Deckel ca. 6–7 Minuten garen.

Für die Croûtons Toastwürfel fettfrei in einer Pfanne auf mittlerer Stufe rösten und mit Salz, Pfeffer und Paprikapulver würzen.

Suppe mit Crème légère und Kreuzkümmel verfeinern und pürieren. Zucchinisuppe mit Salz und Pfeffer abschmecken und mit Croûtons bestreut servieren.

Für 1 Person:

1 Zwiebel
2 kleine Zucchini
1 große Scheibe Toast
1 TL Rapsöl
1 EL heller Balsamicoessig
350 ml Gemüsebrühe (1 TL Instantpulver)
Salz, Pfeffer
2 Msp. Paprikapulver
1 TL Crème légère
1 Msp. Kreuzkümmel

Feine Artischocken-Frischkäse-Suppe

7 SmartPoints Wert

fertig in: 25 Minuten | davon aktiv: 10 Minuten
vegetarisch
310 kcal | 1296 kJ

Artischocken abtropfen lassen und in Stücke schneiden. Zwiebel schälen und würfeln.

Öl in einem Topf auf mittlerer Stufe erhitzen, Artischockenstücke mit Zwiebelwürfeln darin kurz andünsten, mit Brühe ablöschen und ca. 15 Minuten köcheln lassen.

Tomate waschen, entkernen und in feine Würfel schneiden. Frischkäse zur Suppe geben und pürieren.

Artischocken-Frischkäse-Suppe mit Petersilie verfeinern, mit Salz, Pfeffer und Zucker würzen, mit Tomatenwürfeln bestreuen und mit Pumpernickel servieren.

Für 1 Person:

100 g Artischockenherzen in Lake (Konserve)
1 rote Zwiebel
2 TL Rapsöl
300 ml Gemüsebrühe (1 TL Instantpulver)
1 kleine Tomate
50 g Frischkäse, bis 1 % Fett absolut
1 EL gehackte glatte Petersilie
Salz, Pfeffer
1 Prise Zucker
1 Scheibe Pumpernickel

Thai-Suppe mit Entenbruststreifen

9 SmartPoints Wert

fertig in: 25 Minuten | davon aktiv: 20 Minuten
einfrieren
407 kcal | 1703 kJ

Für 2 Personen:

- 1 Stück Ingwer (ca. 2 cm)
- 1 grüne Peperoni
- 300 g Zuckererbsenschoten
- 1 Stängel Zitronengras
- 200 g Entenbrust ohne Haut
- 800 ml Gemüsebrühe (3 TL Instantpulver)
- 50 g trockene Mie-Nudeln
- Salz, Pfeffer
- 1 Tomate
- 120 ml fettreduzierte Kokosmilch

Ingwer schälen und fein hacken. Peperoni waschen, entkernen und würfeln. Zuckererbsenschoten waschen und halbieren. Zitronengras waschen. Entenbrust abspülen, trocken tupfen und in Streifen schneiden.

Brühe in einem Topf aufkochen. Entenbruststreifen mit Ingwer, Peperoniwürfeln, Zuckererbsenschotenhälften und Zitronengras dazugeben und ca. 5–7 Minuten köcheln lassen. Mie-Nudeln nach Packungsanweisung in Salzwasser garen.

Tomate waschen, entkernen und würfeln. Mie-Nudeln abgießen und unter die Suppe heben. Suppe mit Kokosmilch verfeinern und kurz erhitzen. Zitronengras herausnehmen. Thai-Suppe mit Salz und Pfeffer abschmecken, mit Tomatenwürfeln bestreuen und servieren.

Wärmender Kichererbsentopf mit Geflügelhack

7 SmartPoints Wert

fertig in: 25 Minuten | davon aktiv: 20 Minuten
einfrieren
467 kcal | 1957 kJ

Zwiebel schälen. Chilischote und Paprika waschen, entkernen und mit Zwiebel würfeln. Öl in einem Topf auf hoher Stufe erhitzen und Geflügelhackfleisch darin krümelig anbraten. Zwiebel-, Paprika-, Chiliwürfel und Tomatenmark dazugeben und kurz mitbraten.

Kichererbsen abspülen, abtropfen lassen, mit Tomaten und Brühe zum Hackfleisch geben und ca. 10 Minuten auf mittlerer bis hoher Stufe garen. Kichererbsentopf mit Salz, Pfeffer und Paprikapulver würzen und nach Wunsch mit Kresse bestreut servieren.

Für 2 Personen:

- 1 Zwiebel
- 1 rote Chilischote
- 2 rote Paprika
- 2 TL Rapsöl
- 250 g Geflügelhackfleisch (aus Geflügelbrustfilet)
- 1 EL Tomatenmark
- 1 Dose Kichererbsen (265 g Abtropfgewicht)
- 500 g stückige Tomaten (Konserve)
- 100 ml Gemüsebrühe (1/2 TL Instantpulver)
- Salz, Pfeffer
- 1/2 TL Paprikapulver

Tagliatelle mit Zucchini-Limetten-Sauce

10 SmartPoints Wert™

fertig in: 30 Minuten I davon aktiv: 25 Minuten
vegetarisch
412 kcal I 1727 kJ

Zucchini waschen, der Länge nach vierteln und in Scheiben schneiden. Zwiebel schälen und würfeln. Nudeln nach Packungsanweisung in Salzwasser garen.

Öl in einer Pfanne auf mittlerer Stufe erhitzen, Zwiebelwürfel mit Zucchinischeiben darin ca. 5 Minuten anbraten und mit Salz und Pfeffer würzen. 2 Msp. Limettenschale abreiben und Limetten auspressen.

Zucchini mit 4 EL Limettensaft ablöschen. Frischkäse, Limettenschale und Milch einrühren und ca. 3 Minuten köcheln lassen.

Nudeln abgießen, dabei 200 ml Kochwasser auffangen. Kapern hacken und mit Nudeln und Nudelkochwasser unter die Sauce heben. Nudeln mit Salz und Pfeffer abschmecken und nach Wunsch mit Petersilie garniert servieren.

Für 4 Personen:

4 große Zucchini
1 Zwiebel
280 g trockene Tagliatelle
Salz, Pfeffer
2 TL Rapsöl
2 unbehandelte Limetten
200 g Frischkäse, bis 1 % Fett absolut
250 ml entrahmte Milch
2 TL Kapern

Lammsouvlaki mit Paprikadip

6 SmartPoints Wert

fertig in: 30 Minuten | davon aktiv: 10 Minuten
low carb | glutenfrei | laktosefrei
327 kcal | 1367 kJ

Für 4 Personen:

- **480 g Lammfilet**
- **1 unbehandelte Zitrone**
- **2 rote Zwiebeln**
- **2 Zucchini**
- **6 TL gehackter Oregano**
- **8 TL Olivenöl**
- **Salz, Pfeffer**
- **400 g Tomatenpaprikastreifen (Glas)**
- **1 EL Honig**

Lammfilet trocken tupfen und in Stücke schneiden. 1 TL Zitronenschale abreiben und Zitronenhälfte auspressen. Zwiebeln schälen und in Spalten schneiden. Zucchini waschen und in Stücke schneiden.

Für die Marinade Zitronenschale mit je 4 TL Zitronensaft, Oregano und Öl verquirlen und mit Salz und Pfeffer würzen. Lammfiletstücke abwechselnd mit Zwiebelspalten und Zucchinistücken auf 4 Spieße stecken und mit Marinade bestreichen.

Für den Dip Tomatenpaprikastreifen pürieren, mit Honig und restlichem Oregano verfeinern und mit Salz und Pfeffer würzen.

Restliches Öl in einer Pfanne auf mittlerer bis hoher Stufe erhitzen und Lammspieße darin ca. 10–12 Minuten rundherum braten. Lammsouvlaki mit Paprikadip servieren.

Kartoffel-Broccoli-Pfanne mit Zitronendip

7 SmartPoints Wert™

fertig in: 25 Minuten | davon aktiv: 15 Minuten
glutenfrei
438 kcal | 1835 kJ

Für 1 Person:

- **200 g festkochende Kartoffeln**
- **200 g Broccoliröschen**
- **Salz, Pfeffer**
- **120 g Putenschnitzel**
- **1 TL Rapsöl**
- **1 Prise geriebene Muskatnuss**
- **1/2 unbehandelte Zitrone**
- **50 g fettarmer Joghurt**
- **1 Prise Chiliflocken**
- **1 Prise Zucker**

Kartoffeln schälen und in Scheiben schneiden. Broccoliröschen waschen und mit Kartoffelscheiben in Salzwasser ca. 15 Minuten vorgaren.

Putenschnitzel abspülen, trocken tupfen und in Streifen schneiden. Öl in einer Pfanne auf hoher Stufe erhitzen und Putenstreifen darin ca. 5 Minuten rundherum braten.

Kartoffelscheiben und Broccoliröschen abgießen, kurz mitbraten und mit Salz, Pfeffer und Muskatnuss würzen.

1 Msp. Zitronenschale abreiben und Zitronenhälfte auspressen. Für den Dip Joghurt, Chiliflocken, 1/2 TL Zitronensaft, -schale und Zucker verrühren und mit Salz und Pfeffer würzen. Kartoffel-Broccoli-Pfanne mit Zitronendip servieren.

Bandnudeln mit scharfer Paprika-Garnelen-Sauce

8 SmartPoints Wert™

fertig in: 15 Minuten | davon aktiv: 10 Minuten
451 kcal | 1890 kJ

Für 1 Person:

- 60 g trockene Bandnudeln
- Salz, Pfeffer
- 1 rote Paprika
- 1 Schalotte
- 1 Knoblauchzehe
- 1 TL Olivenöl
- 1 TL Sambal Oelek
- 100 g küchenfertige Garnelen
- 100 ml Gemüsebrühe (1/2 TL Instantpulver)
- 1 EL Frischkäse, bis 1 % Fett absolut
- 1/2 TL Paprikapulver
- 1 TL gehackte Petersilie

Nudeln nach Packungsanweisung in Salzwasser garen. Paprika waschen und entkernen. Schalotte schälen und mit Paprika in Würfel schneiden. Knoblauch pressen.

Öl in einer Pfanne auf mittlerer Stufe erhitzen und Schalotten-, Paprikawürfel, Knoblauch und Sambal Oelek darin ca. 3 Minuten anbraten. Garnelen abspülen, trocken tupfen, dazugeben und ca. 2 Minuten mitbraten.

Mit Brühe ablöschen, mit Frischkäse verfeinern und mit Salz, Pfeffer und Paprikapulver würzen. Nudeln abgießen, unter die Sauce heben, mit Salz und Pfeffer abschmecken, mit Petersilie bestreuen und servieren.

Schweinefleischpfanne süßsauer

8 SmartPoints Wert

fertig in: 30 Minuten | davon aktiv: 20 Minuten
388 kcal | 1626 kJ

Für 4 Personen:

200 g trockener Basmatireis
Salz, Pfeffer
400 g Schweineschnitzel
200 g Pak Choi
1 Zwiebel
2 rote Paprika
2 TL Sesamöl
2 EL Reisessig
4 EL Sojasauce
100 ml Gemüsebrühe (1/2 TL Instantpulver)
100 ml Ananassaft
1 Dose Bambussprossen (170 g Abtropfgewicht)

Reis nach Packungsanweisung in Salzwasser garen. Schweineschnitzel trocken tupfen und in Streifen schneiden. Pak Choi waschen. Zwiebel schälen und mit Pak Choi in Streifen schneiden. Paprika waschen, entkernen und würfeln.

Öl in einer Pfanne auf hoher Stufe erhitzen, Schnitzelstreifen darin ca. 2–3 Minuten rundherum braten, Pak-Choi-Streifen dazugeben, kurz mitbraten und herausnehmen.

Zwiebelstreifen mit Paprikawürfeln im Bratensatz auf mittlerer Stufe kurz anbraten, mit Essig, Sojasauce, Brühe und Ananassaft ablöschen und ca. 10 Minuten köcheln lassen.

Bambussprossen abtropfen lassen, mit Pak-Choi- und Schnitzelstreifen zur Sauce geben, kurz erwärmen und mit Salz und Pfeffer abschmecken. Schweinefleischpfanne süßsauer mit Reis servieren.

Paprikaschnitzel mit Reis

8 SmartPoints Wert

fertig in: 30 Minuten | davon aktiv: 30 Minuten
497 kcal | 2081 kJ

Reis nach Packungsanweisung in Salzwasser garen. Zwiebel schälen und in Würfel schneiden. Paprika waschen, entkernen und in Stücke schneiden. Lauch waschen und in Ringe schneiden. Schnitzel trocken tupfen und dünn mit Ajvar bestreichen.

Öl in einer Pfanne auf hoher Stufe erhitzen, Schnitzel darin ca. 4 Minuten von jeder Seite braten, mit Salz, Pfeffer, Tabasco und Paprikapulver würzen und herausnehmen.

Zwiebelwürfel und Paprikamark im Bratensatz auf mittlerer Stufe anbraten. Paprikastücke und Lauchringe dazugeben, mit Brühe ablöschen, mit Salz und Pfeffer würzen und mit Oregano verfeinern.

Stärke mit Wasser anrühren, zum Gemüse geben und aufkochen. Schnitzel dazugeben und in der Sauce erwärmen. Paprikaschnitzel mit Reis servieren.

Für 4 Personen:

160 g trockener Langkornreis
Salz, Pfeffer
1 Zwiebel
2 grüne Paprika
3 Stangen Lauch
4 Schweineschnitzel (à 180 g)
1 TL Ajvar (Paprikapaste)
2 TL Rapsöl
einige Tropfen Tabasco
1 TL Paprikapulver
1 TL Paprikamark
500 ml Gemüsebrühe (2 TL Instantpulver)
1 TL gehackter Oregano
1 TL Speisestärke
1 EL Wasser

UNIT
ON-OFF-ZERO
297

Abendessen für Zuhause

Überbackener Nudel-Paprika-Auflauf mit Steak

10 SmartPoints Wert™

fertig in: 45 Minuten | davon aktiv: 25 Minuten
einfrieren
551 kcal | 2306 kJ

Nudeln nach Packungsanweisung in Salzwasser garen. Paprika waschen, entkernen und in Streifen schneiden. Steak trocken tupfen und würfeln. Nudeln abgießen.

Backofen auf 200° C (Gas: Stufe 3, Umluft: 180° C) vorheizen. Öl in einer Pfanne auf hoher Stufe erhitzen, Steakwürfel darin ca. 2 Minuten rundherum anbraten, mit Salz, Pfeffer und Paprikapulver würzen und herausnehmen. Paprikastreifen im Bratensatz ca. 3 Minuten braten, mit Brühe ablöschen und aufkochen.

Steakwürfel unterheben, mit Frischkäse verfeinern, mit Salz und Pfeffer abschmecken und in einer Auflaufform (ca. 18 x 20 cm) mit Nudeln vermischen.

Käse in dünne Scheiben schneiden und auf dem Auflauf verteilen. Nudel-Paprika-Auflauf im Backofen auf mittlerer Schiene ca. 20 Minuten überbacken und servieren.

Für 2 Personen:

120 g trockene Spiralnudeln
Salz, Pfeffer
2 rote Paprika
1 gelbe Paprika
200 g Rinderhüftsteak
2 TL Rapsöl
1 TL Paprikapulver
250 ml Gemüsebrühe (1 TL Instantpulver)
3 EL Frischkäse, bis 1 % Fett absolut
80 g Harzer Käse

← Gefüllte Champignons mit Tatar

9 SmartPoints Wert

fertig in: 55 Minuten | davon aktiv: 35 Minuten
495 kcal | 2072 kJ

Champignons trocken abreiben. Champignonstiele herauslösen, hacken und mit Tatar, Quark, Senf, 1 EL Schnittlauch, Salz und Pfeffer verkneten. Champignons mit Tatarmasse füllen und in eine Auflaufform (ca. 25 x 28 cm) setzen. Backofen auf 200° C (Gas: Stufe 3, Umluft: 180° C) vorheizen.

Zwiebel schälen und würfeln. Öl in einer Pfanne auf mittlerer Stufe erhitzen und Zwiebelwürfel mit Tomatenmark darin ca. 2–3 Minuten anbraten. Mit Tomaten und Brühe ablöschen, aufkochen, mit 1 EL Frischkäse verfeinern, mit Salz und Pfeffer abschmecken und um die Champignons herumgießen. Restlichen Frischkäse in Flocken auf den Champignons verteilen und im Ofen ca. 25 Minuten backen. Reis nach Packungsanweisung in Salzwasser garen. Gefüllte Champignons mit Tomatensauce und Reis anrichten und mit restlichem Schnittlauch bestreut servieren.

Für 2 Personen:

- 500 g große Champignons
- 250 g Tatar
- 1 EL Magerquark
- 2 TL Senf
- 2 EL Schnittlauchringe
- Salz, Pfeffer
- 1 kleine Zwiebel
- 2 TL Rapsöl
- 3 EL Tomatenmark
- 200 g passierte Tomaten (Konserve)
- 150 ml Gemüsebrühe (1/2 TL Instantpulver)
- 3 EL Kräuterfrischkäse, bis 1 % Fett absolut
- 100 g trockener Naturreis

Mangold-Schnitzel-Pfanne mit Bulgur

10 SmartPoints Wert

fertig in: 30 Minuten | davon aktiv: 30 Minuten
417 kcal | 1749 kJ

Mangold waschen, trocken schleudern, die Blätter in breite und die Stiele in feine Streifen schneiden. Bulgur nach Packungsanweisung in Salzwasser garen. Schweineschnitzel trocken tupfen und in Streifen schneiden.

Öl in einer Pfanne auf hoher Stufe erhitzen und Schnitzelstreifen darin ca. 3–5 Minuten rundherum braten. Mit Sojasauce ablöschen, mit Pfeffer würzen und herausnehmen. Mangoldstreifen im Bratensatz kurz anbraten, mit Brühe ablöschen und ca. 5 Minuten garen.

Joghurt mit Sambal Oelek verrühren und mit Salz abschmecken. Bulgur und Schnitzelstreifen unter den Mangold heben und mit Salz und Pfeffer abschmecken. Mangold-Schnitzel-Pfanne mit Joghurtdip servieren.

Für 2 Personen:

- 500 g Mangold
- 100 g trockener Bulgur
- Salz, Pfeffer
- 200 g Schweineschnitzel
- 2 TL Rapsöl
- 2 EL Sojasauce
- 100 ml Gemüsebrühe (1/2 TL Instantpulver)
- 150 g fettarmer Joghurt
- 1/4 TL Sambal Oelek

Pestohähnchen mit Rucolasalat

8 SmartPoints Wert™

fertig in: 25 Minuten | davon aktiv: 25 Minuten
393 kcal | 1644 kJ

Für 4 Personen:

- **1 Bund Basilikum**
- **4 EL geriebener Parmesan**
- **1 EL Pinienkerne**
- **2 EL saure Sahne**
- **Salz, Pfeffer**
- **125 g Rucola**
- **600 g Tomaten**
- **1 Kugel fettreduzierter Mozzarella**
- **500 g Hähnchenbrustfilet**
- **4 EL dunkler Balsamicoessig**
- **100 ml Gemüsebrühe (1/2 TL Instantpulver)**
- **1 Prise Zucker**
- **1 TL gehackter Oregano**
- **3 TL Rapsöl**
- **2 Vollkornbrötchen**

Basilikum waschen, trocken schütteln, Blätter abzupfen, mit Parmesan, Pinienkernen und saurer Sahne pürieren und mit Salz und Pfeffer abschmecken.

Rucola waschen und trocken schleudern. Tomaten waschen, Mozzarella trocken tupfen und beides würfeln. Hähnchenbrustfilet abspülen, trocken tupfen und in Streifen schneiden.

Für das Dressing Essig, Brühe, Zucker und Oregano verrühren und mit Salz und Pfeffer abschmecken.

Öl in einer Pfanne auf hoher Stufe erhitzen und Hähnchenbruststreifen darin ca. 6 Minuten rundherum braten, mit Salz und Pfeffer würzen, herausnehmen und mit Pesto vermischen.

Rucola mit Dressing, Tomaten- und Mozzarellawürfeln vermischen und Pestohähnchen darauf verteilen. Brötchen in Scheiben schneiden. Pestohähnchen mit Salat und Brötchenscheiben servieren.

Gemüse-Joghurt-Suppe mit Pute

7 SmartPoints Wert

fertig in: 25 Minuten | davon aktiv: 20 Minuten
low carb
420 kcal | 1759 kJ

Zucchini waschen, Zwiebel schälen und beides würfeln. Putenschnitzel abspülen, trocken tupfen und in Streifen schneiden.

Öl in einem Topf auf hoher Stufe erhitzen und Putenstreifen darin ca. 3 Minuten rundherum braten. Mit Ingwer, Nelken und 1/2 TL Currypulver würzen, kurz anschwitzen und herausnehmen.

Zucchini- und Zwiebelwürfel im Bratensatz ca. 2 Minuten anbraten. Mit Brühe ablöschen und auf mittlerer Stufe ca. 8 Minuten garen.

Suppe mit Joghurt verfeinern und pürieren. Putenstreifen dazugeben und erwärmen. Gemüse-Joghurt-Suppe mit Salz, Pfeffer und Currypulver abschmecken, mit Koriander verfeinern und servieren.

Für 1 Person:

1 Zucchini
1 Zwiebel
200 g Putenschnitzel
2 TL Rapsöl
1/4 TL gemahlener Ingwer
1 Prise gemahlene Nelken
Currypulver
250 ml Gemüsebrühe (1 TL Instantpulver)
4 EL fettarmer Joghurt
Salz, Pfeffer
1–2 TL gehackter Koriander

Info

Achte darauf, dass die Suppe, nachdem sie mit Joghurt verfeinert wurde, nicht mehr kocht. Sonst verliert sie ihre Cremigkeit und kann ausflocken.

Gegrillte Auberginenröllchen auf Tomatensauce

10 SmartPoints Wert

fertig in: 65 Minuten | davon aktiv: 40 Minuten
536 kcal | 2245 kJ

Für 2 Personen:

- **1 Aubergine (ca. 500 g)**
- **Salz, Pfeffer**
- **2 TL Olivenöl**
- **1 Zwiebel**
- **4 EL Tomatenmark**
- **500 g passierte Tomaten (Konserve)**
- **125 ml Gemüsebrühe (1/2 TL Instantpulver)**
- **1 EL gehackter Oregano**
- **1 TL Honig**
- **4 Scheiben roher Schinken**
- **175 g Tomatenpaprika (Glas)**
- **6 Stängel Basilikum**
- **140 g trockene Spaghetti**

Backofen auf 240° C (Gas: Stufe 5, Umluft: 220° C) vorheizen. Aubergine waschen und längs in 6 Scheiben schneiden. Auberginenscheiben kräftig salzen und ca. 10 Minuten ziehen lassen.

Auberginenscheiben trocken tupfen, auf ein Backblech legen, mit 1 TL Öl bestreichen und im Backofen auf oberster Schiene ca. 12–18 Minuten grillen. Backofen auf 200° C (Gas: Stufe 3, Umluft: 180° C) herunterschalten.

Für die Sauce Zwiebel schälen und würfeln. Restliches Öl in einer Pfanne auf mittlerer bis hoher Stufe erhitzen und Zwiebelwürfel mit 2 EL Tomatenmark darin ca. 2–3 Minuten anbraten. Mit Tomaten und Brühe ablöschen, mit Oregano und Honig verfeinern und ca. 5 Minuten köcheln lassen.

Sauce mit Salz und Pfeffer abschmecken und in einer Auflaufform (ca. 20 x 30 cm) verteilen. Schinken und Tomatenpaprika in Stücke schneiden. Basilikum waschen, trocken schütteln und Blätter abzupfen.

Auberginenscheiben mit restlichem Tomatenmark bestreichen, mit Schinken-, Tomatenpaprikastücken und Basilikumblättern belegen und aufrollen. Mit Spießen feststecken und auf die Sauce legen. Auberginenröllchen im Backofen auf mittlerer Schiene ca. 25 Minuten backen.

Nudeln nach Packungsanweisung in Salzwasser garen und abgießen. Auberginenröllchen mit Sauce und Nudeln servieren.

Kräuterhähnchen mit buntem Salat

10 SmartPoints Wert

fertig in: 45 Minuten I davon aktiv: 45 Minuten
506 kcal I 2117 kJ

Hähnchenbrustfilets abspülen und trocken tupfen. Salbeiblätter, Rosmarin und Thymian waschen, trocken schütteln und hacken. 1 TL Salbei beiseitestellen. Knoblauch pressen und mit Kräutern, 2 EL Brühe, 2 TL Öl und Hähnchenbrustfilets in einen Gefrierbeutel geben, gut verkneten und im Kühlschrank ca. 25 Minuten marinieren.

Backofen auf 200° C (Gas: Stufe 3, Umluft: 180° C) vorheizen. Kartoffeln waschen, in Spalten schneiden und auf einem mit Backpapier ausgelegten Backblech verteilen. Kartoffelspalten mit Salz und Pfeffer würzen und im Backofen auf mittlerer Schiene ca. 30 Minuten garen.

Für das Dressing Essig mit Senf, Konfitüre, restlicher Brühe und restlichem Öl vermischen. Gurke, Paprika und Tomaten waschen. Paprika entkernen und mit Gurke in Würfel schneiden. Tomaten vierteln.

Salatzutaten mit Dressing vermischen und mit Salz und Pfeffer würzen. Für den Dip Joghurt mit restlichem Salbei verrühren und mit Salz abschmecken.

Eine Pfanne auf mittlerer bis hoher Stufe erhitzen, Hähnchenbrustfilets ohne weitere Fettzugabe darin ca. 5–8 Minuten von jeder Seite braten und mit Salz und Pfeffer würzen. Kräuterhähnchen mit Kartoffelspalten, Joghurtdip und buntem Salat anrichten und nach Wunsch mit Kerbel garniert servieren.

Für 2 Personen:

- **2 Hähnchenbrustfilets (à 120 g)**
- **8 Blätter Salbei**
- **2 Zweige Rosmarin**
- **4 Zweige Thymian**
- **1 Knoblauchzehe**
- **5 EL Gemüsebrühe (2 Prisen Instantpulver)**
- **3 TL Olivenöl**
- **500 g festkochende Kartoffeln**
- **Salz, Pfeffer**
- **2 EL dunkler Balsamicoessig**
- **1 TL Senf**
- **2 TL kalorienreduzierte Himbeerkonfitüre**
- **1 kleine Salatgurke**
- **1 gelbe Paprika**
- **150 g Cocktailtomaten**
- **125 g Magermilchjoghurt**

Rucolanudeln mit Garnelen

9 SmartPoints Wert

fertig in: 20 Minuten | davon aktiv: 20 Minuten
laktosefrei
528 kcal | 2211 kJ

Tomaten waschen und würfeln. Nudeln nach Packungsanweisung in Salzwasser garen.

Garnelen abspülen und trocken tupfen. Rucola waschen und trocken schleudern. Öl in einer Pfanne auf hoher Stufe erhitzen, Garnelen darin ca. 3–4 Minuten rundherum braten und mit Zitronensaft und 100 ml Nudelkochwasser ablöschen.

Nudeln abgießen und Rucola unterheben. Tomatenwürfel mit Rucola-Nudel-Mischung unter die Garnelen heben und kurz erwärmen. Rucolanudeln mit Kräutern verfeinern, mit Salz und Pfeffer abschmecken und servieren.

Für 1 Person:

- **3 Tomaten**
- **60 g trockene Linguine**
- **Salz, Pfeffer**
- **200 g küchenfertige Riesengarnelen**
- **60 g Rucola**
- **1 TL Rapsöl**
- **1 TL Zitronensaft**
- **1 EL italienische Kräuter**

Blumenkohlpfanne mit Mie-Nudeln

10 SmartPoints Wert

fertig in: 30 Minuten | davon aktiv: 15 Minuten
vegetarisch
487 kcal | 2037 kJ

Blumenkohl waschen und in kleine Röschen teilen. Frühlingszwiebeln waschen und in Ringe schneiden. Nudeln nach Packungsanweisung in Salzwasser garen.

Öl in einer Pfanne auf hoher Stufe erhitzen und Blumenkohlröschen darin ca. 1–2 Minuten anbraten. Ei verquirlen, dazugeben und kurz mitbraten. Mit Sojasauce und Brühe ablöschen und mit Deckel ca. 5–7 Minuten garen.

Petersilie waschen, trocken schütteln und Blättchen abzupfen. Nudeln abgießen, mit Frühlingszwiebelringen unter den Blumenkohl heben und erwärmen. Blumenkohlpfanne mit Sambal Oelek würzen, mit Salz abschmecken und mit Sesam und Petersilie bestreut servieren.

Für 2 Personen:

1 Blumenkohl
1 Bund Frühlingszwiebeln
120 g trockene Mie-Nudeln
Salz
2 TL Sesamöl
1 Ei
3 EL Sojasauce
300 ml Gemüsebrühe (1 TL Instantpulver)
einige Stängel glatte Petersilie
1/2 TL Sambal Oelek
1 EL Sesam

Gefüllte Hähnchenbrust mit Zucchini-Spinat-Couscous

8 SmartPoints Wert

fertig in: 30 Minuten | davon aktiv: 30 Minuten
451 kcal | 1888 kJ

Für 2 Personen:

- **250 g Blattspinat (TK)**
- **2 kleine Zucchini**
- **1 rote Zwiebel**
- **1 EL Tomatenmark**
- **1/2 TL Paprikapulver**
- **Kreuzkümmel**
- **1 TL gehackter Thymian**
- **1 TL gehackter Majoran**
- **Salz, Pfeffer**
- **2 Hähnchenbrustfilets (à 120 g)**
- **3 TL Rapsöl**
- **400 ml Gemüsebrühe (2 TL Instantpulver)**
- **100 g trockener Couscous**

Spinat auftauen lassen und ausdrücken. Zucchini waschen, längs halbieren und in Scheiben schneiden. Zwiebel schälen und in Streifen schneiden. Tomatenmark mit Paprikapulver, 2 Msp. Kreuzkümmel, Thymian und Majoran verrühren und mit Salz und Pfeffer würzen. Hähnchenbrustfilets abspülen, trocken tupfen und längs eine Tasche einschneiden.

1 TL Öl in einem Topf auf mittlerer Stufe erhitzen und Zwiebelstreifen darin ca. 5 Minuten braten. Zucchinischeiben dazugeben und ca. 2 Minuten mitbraten. Spinat mit Brühe zugeben und aufkochen. Couscous einrühren und nach Packungsanweisung gar ziehen lassen.

Hähnchenbrustfilets mit Gewürz-Tomatenmark füllen. Restliches Öl in einer Pfanne auf mittlerer bis hoher Stufe erhitzen, Hähnchenbrustfilets darin ca. 5 Minuten von jeder Seite braten und mit Salz und Pfeffer würzen. Zucchini-Spinat-Couscous mit Salz, Pfeffer und Kreuzkümmel abschmecken und zur Hähnchenbrust servieren.

Schweinemedaillons mit geschmortem Auberginengemüse

9 SmartPoints Wert

fertig in: 30 Minuten | davon aktiv: 20 Minuten
456 kcal | 1908 kJ

Backofen auf 140° C (Gas: Stufe 1, Umluft: 120° C) vorheizen. Aubergine waschen, Zwiebel schälen und beides in Würfel schneiden. Oliven hacken und Knoblauch pressen.

Schweinefilet trocken tupfen, in 2 Medaillons schneiden, salzen und pfeffern. Öl in einer Pfanne auf hoher Stufe erhitzen, Medaillons darin ca. 2 Minuten von jeder Seite anbraten, herausnehmen, auf ein mit Backpapier ausgelegtes Backblech legen und im Backofen auf mittlerer Schiene ca. 8–10 Minuten weitergaren.

Zwiebel- und Auberginenwürfel mit Knoblauch im Bratensatz auf mittlerer bis hoher Stufe ca. 6–8 Minuten braten. Tahin, Oliven, Majoran und Thymian unterrühren und mit Salz, Pfeffer und Paprikapulver würzen.

Joghurt mit Salz und Pfeffer abschmecken. Schweinemedaillons und Auberginengemüse nach Wunsch mit rosa Pfefferbeeren bestreuen und mit Joghurtdip und Fladenbrot servieren.

Für 1 Person:

- 1 Aubergine (250 g)
- 1 Zwiebel
- 4 entsteinte schwarze Oliven in Lake
- 1 Knoblauchzehe
- 120 g Schweinefilet
- Salz, Pfeffer
- 1 TL Rapsöl
- 1 TL Tahin (Sesampaste)
- 1/2 TL gehackter Majoran
- 1/2 TL gehackter Thymian
- 1 Prise Paprikapulver
- 3 EL fettarmer Joghurt
- 1 Ecke Fladenbrot

Teriyakispieße mit Gemüsecouscous

10 SmartPoints Wert

fertig in: 50 Minuten | davon aktiv: 30 Minuten
546 kcal | 2286 kJ

Backofen auf 180° C (Gas: Stufe 2, Umluft: 160° C) vorheizen. Schalotten schälen und würfeln. Ingwer und Karotten schälen. Ingwer fein hacken und Karotten in kleine Würfel schneiden. Spinat waschen, trocken schleudern und grob hacken.

Tatar mit der Hälfte der Schalottenwürfel, Ingwer und Harissapulver verkneten, mit Salz und Pfeffer würzen, zu 12 kleinen Rollen formen und auf 4 Spieße stecken.

Spieße in eine Auflaufform (ca. 20 x 30 cm) legen, mit 1 EL Teriyakisauce bestreichen und im Backofen auf oberster Schiene ca. 20 Minuten garen. Nach ca. 10 Minuten mit restlicher Teriyakisauce bestreichen.

Öl in einem Topf auf mittlerer Stufe erhitzen und Karotten mit restlichen Schalottenwürfeln darin ca. 2–3 Minuten anbraten. Tomatenmark dazugeben und kurz mitbraten. Mit Brühe ablöschen und ca. 7–8 Minuten köcheln lassen.

Couscous einrühren und ca. 6 Minuten ziehen lassen. Spinat und Limettensaft unter den Couscous heben und mit Salz und Pfeffer abschmecken. Gemüsecouscous mit Teriyakispießen servieren.

Für 2 Personen:

2 Schalotten
1 Stück Ingwer (ca. 2 cm)
400 g Karotten
200 g Baby-Blattspinat
300 g Tatar
1 TL Harissapulver
Salz, Pfeffer
2 EL Teriyakisauce
1 TL Rapsöl
1 EL Tomatenmark
400 ml Gemüsebrühe (2 TL Instantpulver)
140 g trockener Couscous
1 TL Limettensaft

Saté-Spieße mit zartem Gemüse

9 SmartPoints Wert

fertig in: 45 Minuten | davon aktiv: 45 Minuten
473 kcal | 1981 kJ

Für 4 Personen:

- 500 g Hähnchenbrustfilet
- 1 Stück Ingwer (ca. 2 cm)
- 1 Stängel Zitronengras
- 4 EL Sojasauce
- 1 rote Zwiebel
- 4 Karotten
- 2 TL Rapsöl
- 160 g trockener Basmatireis
- Salz, Pfeffer
- 300 g Zuckererbsenschoten (TK)
- 400 g Blumenkohlröschen (TK)
- 200 ml Gemüsebrühe (1 TL Instantpulver)
- 200 ml fettarme Milch
- 1 TL Speisestärke
- 30 g Erdnusscreme
- 1 Msp. Cayennepfeffer

Hähnchenbrustfilet abspülen, trocken tupfen und in Würfel schneiden. Für die Marinade Ingwer schälen und reiben. Zitronengras waschen, fein hacken und mit Ingwer und 3 EL Sojasauce vermischen. Hähnchenbrustwürfel und Marinade in einen Gefrierbeutel geben, gut verkneten und im Kühlschrank ca. 15 Minuten marinieren.

Zwiebel und Karotten schälen, Zwiebel in Würfel und Karotten in Scheiben schneiden. Hähnchenbrustwürfel auf 8 Spieße stecken.

Öl in einer Pfanne auf mittlerer bis hoher Stufe erhitzen, Saté-Spieße darin ca. 8 Minuten rundherum braten, herausnehmen und im Backofen bei 60° C warm stellen. Reis nach Packungsanweisung in Salzwasser garen.

Karottenscheiben und Zwiebelwürfel im Bratensatz auf mittlerer Stufe ca. 5 Minuten dünsten. Zuckererbsenschoten und Blumenkohlröschen dazugeben, mit Brühe ablöschen und mit Deckel ca. 10 Minuten dünsten, dabei gelegentlich rühren. Gemüse mit Salz und Pfeffer abschmecken.

150 ml Milch in einem Topf aufkochen. Stärke mit restlicher Milch anrühren, mit Erdnusscreme einrühren und ca. 5 Minuten leicht köcheln lassen.

Erdnusssauce mit restlicher Sojasauce und Cayennepfeffer würzen. Saté-Spieße mit Erdnusssauce, Reis und Gemüse servieren.

Hähnchenbrust mit Weißweinsauce

10 SmartPoints Wert

fertig in: 45 Minuten | davon aktiv: 35 Minuten
407 kcal | 1705 kJ

Kartoffeln und Sellerie schälen, würfeln und in Salzwasser ca. 20 Minuten garen. Erbsen ca. 5 Minuten vor Ende der Garzeit dazugeben und mitgaren. Hähnchenbrustfilets abspülen und trocken tupfen. Rosmarin und Thymian waschen und trocken schütteln.

Öl in einer Pfanne auf mittlerer Stufe erhitzen und Hähnchenbrustfilets darin mit Kräutern ca. 4–5 Minuten von jeder Seite anbraten. Hähnchenbrustfilets mit Salz und Pfeffer würzen, mit Weißwein und Brühe ablöschen und ca. 10 Minuten köcheln lassen.

Hähnchen und Kräuter herausnehmen. Sauce mit Crème légère verfeinern, Saucenbinder einrühren, aufkochen und mit Salz und Pfeffer abschmecken. Hähnchen in die Sauce geben und kurz erwärmen.

Gemüse abgießen, Milch dazugeben, grob zerstampfen und mit Salz und Pfeffer abschmecken. Hähnchenbrust mit Weißweinsauce nach Wunsch mit Zwiebelsprossen garniert servieren.

Für 4 Personen:

400 g mehligkochende Kartoffeln
1 Knollensellerie (ca. 500 g)
Salz, Pfeffer
400 g Erbsen (TK)
4 Hähnchenbrustfilets (à 120 g)
je 2 Zweige Rosmarin und Thymian
1 EL Rapsöl
100 ml trockener Weißwein
200 ml Gemüsebrühe (1/2 TL Instantpulver)
100 g Crème légère
1 TL heller Saucenbinder
125 ml warme fettarme Milch

Schnelles Gulasch mit Spätzle

7 SmartPoints Wert

fertig in: 25 Minuten | davon aktiv: 15 Minuten
einfrieren
427 kcal | 1788 kJ

Paprika waschen, entkernen und würfeln. Zwiebel schälen und in Spalten schneiden. Schweinefilet trocken tupfen und in Streifen schneiden. Spätzle nach Packungsanweisung in Salzwasser garen.

Öl in einer Pfanne auf hoher Stufe erhitzen und Schweinefiletstreifen und Tomatenmark darin ca. 3 Minuten rundherum anbraten.

Paprikawürfel und Zwiebelspalten dazugeben und mitbraten. Lorbeerblatt und Wacholderbeeren dazugeben, mit Brühe ablöschen und mit Deckel ca. 10 Minuten schmoren.

Lorbeerblatt und Wacholderbeeren entfernen. Spätzle abgießen. Gulasch mit Salz, Pfeffer und Paprikapulver abschmecken und mit Spätzle servieren.

Für 2 Personen:

- **2 rote Paprika**
- **1 Zwiebel**
- **250 g Schweinefilet**
- **100 g trockene Spätzle**
- **Salz, Pfeffer**
- **1 TL Rapsöl**
- **1 EL Tomatenmark**
- **1 Lorbeerblatt**
- **2 Wacholderbeeren**
- **200 ml Gemüsebrühe (1 TL Instantpulver)**
- **Paprikapulver**

Schwarzwurzelragout mit Zander

8 SmartPoints Wert

fertig in: 35 Minuten | davon aktiv: 35 Minuten
381 kcal | 1595 kJ

Für 2 Personen:

- **400 g festkochende Kartoffeln**
- **Salz, Pfeffer**
- **1 Glas Schwarzwurzeln (320 g Abtropfgewicht)**
- **1 Bund Frühlingszwiebeln**
- **1 TL Rapsöl**
- **200 ml entrahmte Milch**
- **1 TL Speisestärke**
- **250 g Zanderfilet (ersatzweise Seelachsfilet)**
- **3 EL Frischkäse, bis 1 % Fett absolut**
- **1 EL gehackte Petersilie**
- **1 Prise geriebene Muskatnuss**
- **1 TL Senf**

Kartoffeln schälen und in Salzwasser ca. 20 Minuten garen. Schwarzwurzeln abtropfen lassen. Frühlingszwiebeln waschen und in Ringe schneiden.

Öl in einem Topf auf mittlerer Stufe erhitzen und Schwarzwurzeln mit Frühlingszwiebelringen darin kurz andünsten. Mit 150 ml Milch ablöschen und aufkochen.

Stärke mit restlicher Milch anrühren, unter das Ragout rühren und kurz köcheln lassen. Zanderfilet abspülen, trocken tupfen und in Stücke schneiden. Ragout mit Frischkäse und Petersilie verfeinern und mit Salz, Pfeffer, Muskatnuss und Senf würzen.

Zanderfiletstücke zum Ragout geben und ca. 10–15 Minuten gar ziehen lassen. Kartoffeln abgießen und mit Ragout servieren.

Exotisches Kokoshähnchen mit Chili-Mango-Sauce

12 SmartPoints Wert

fertig in: 40 Minuten | davon aktiv: 40 Minuten
600 kcal | 2512 kJ

Broccoli waschen und in Röschen teilen. Gegebenenfalls Broccolistrunk schälen und würfeln. Zwiebel schälen und in Würfel schneiden. Chilischote waschen, entkernen und in Ringe schneiden. Mango schälen, das Fruchtfleisch vom Stein schneiden und würfeln.

Mangowürfel mit Essig und 50 ml Brühe pürieren. Reis nach Packungsanweisung in Salzwasser garen.

1 TL Öl in einem Topf auf mittlerer Stufe erhitzen und Zwiebelwürfel darin glasig dünsten. Mangosauce, restliche Brühe und Chiliringe dazugeben, aufkochen und mit Salz und Pfeffer würzen. Broccoliröschen und -würfel in Salzwasser ca. 6–7 Minuten garen.

Hähnchenschnitzel abspülen, trocken tupfen und halbieren. Für die Panade Mehl in einem tiefen Teller verteilen. Ei in einem weiteren tiefen Teller mit Salz und Pfeffer verquirlen. Kokosraspel in einem weiteren tiefen Teller verteilen. Schnitzel erst in Mehl, dann in Ei und zum Schluss in Kokosraspeln wenden.

Restliches Öl in einer Pfanne auf mittlerer bis hoher Stufe erhitzen und Kokoshähnchen darin ca. 3–5 Minuten von jeder Seite braten. Broccoliröschen und -würfel abgießen und Kokoshähnchen mit Chili-Mango-Sauce, Reis und Broccoli servieren.

Für 2 Personen:

600 g Broccoli
1 Zwiebel
1 rote Chilischote
1 reife Mango
1 EL heller Balsamicoessig
100 ml Gemüsebrühe (1/2 TL Instantpulver)
60 g trockener Basmatireis
Salz, Pfeffer
3 TL Rapsöl
2 Hähnchenschnitzel (à 120 g)
1 EL Mehl
1 Ei
3 EL Kokosraspel

Tex-Mex-Tortillas mit Koriandersauce

7 SmartPoints Wert™

fertig in: 30 Minuten | davon aktiv: 30 Minuten
408 kcal | 1708 kJ

Zwiebel und Karotte schälen. Paprika waschen und entkernen. Tomaten waschen und mit Zwiebel, Karotte und Paprika würfeln. Kidneybohnen abspülen und abtropfen lassen.

Öl in einer Pfanne auf hoher Stufe erhitzen und Hackfleisch mit Tomatenmark darin krümelig anbraten. Zwiebel-, Karotten- und Paprikawürfel dazugeben, mit Salz, Pfeffer, Paprikapulver und Kreuzkümmel würzen und auf mittlerer bis hoher Stufe ca. 6–8 Minuten mitbraten.

Für die Sauce Limettenschale mit Joghurt und Koriander verrühren und mit Salz und Pfeffer abschmecken. Tortilla Wraps nach Packungsanweisung erwärmen.

Tomatenwürfel und Kidneybohnen zur Gemüse-Hackfleisch-Mischung geben und ca. 5 Minuten mitgaren. Mit Salz und Pfeffer abschmecken, auf den Tortilla Wraps verteilen und mit Koriandersauce beträufeln. Tex-Mex-Tortillas aufrollen und nach Wunsch mit Paprikastreifen garniert servieren.

Für 4 Personen:

- **1 Zwiebel**
- **1 Karotte**
- **je 1 rote und gelbe Paprika**
- **6 Tomaten**
- **1/2 Dose Kidneybohnen (125 g Abtropfgewicht)**
- **2 TL Rapsöl**
- **500 g Geflügelhackfleisch (aus Geflügelbrustfilet)**
- **2 EL Tomatenmark**
- **Salz, Pfeffer**
- **1/2 TL Paprikapulver**
- **1/4 TL Kreuzkümmel**
- **1/2 TL abgeriebene unbehandelte Limettenschale**
- **150 g Magermilchjoghurt**
- **1 EL gehackter Koriander**
- **4 kleine Tortilla Wraps**

Mildes Kartoffelcurry

11 SmartPoints Wert

fertig in: 45 Minuten | davon aktiv: 30 Minuten
vegan
451 kcal | 1737 kJ

Für 2 Personen:

- 1 Zwiebel
- 600 g mehligkochende Kartoffeln
- 2 Karotten
- 1 Stück Ingwer (ca. 2 cm)
- 1 rote Paprika
- 150 g Zuckererbsenschoten
- 2 TL Rapsöl
- 2 TL gelbe Curry-Würzpaste
- 300 ml Gemüsebrühe (1 TL Instantpulver)
- 6 EL fettreduzierte Kokosmilch
- Salz, Pfeffer

Zwiebel, Kartoffeln, Karotten und Ingwer schälen. Zwiebel und Kartoffeln würfeln und Ingwer reiben. Karotten in Scheiben schneiden. Paprika und Zuckererbsenschoten waschen. Paprika entkernen und in Streifen schneiden, Zuckererbsenschoten halbieren.

Öl in einer Pfanne auf mittlerer Stufe erhitzen und Zwiebelwürfel mit Ingwer und Currypaste darin ca. 2–3 Minuten anbraten. Kartoffelwürfel dazugeben, kurz andünsten, mit Brühe ablöschen und mit Deckel ca. 15 Minuten garen.

Karottenscheiben und Paprikastreifen ca. 10 Minuten vor Ende der Garzeit zu den Kartoffeln geben und mitgaren. Zuckererbsenschotenhälften ca. 2–3 Minuten vor Ende der Garzeit unter das Curry heben und mitgaren.

Kartoffelcurry mit Kokosmilch verfeinern, mit Salz und Pfeffer abschmecken und nach Wunsch mit Minze garniert servieren.

Gemüsehirse mit Rindersteaks

11 SmartPoints Wert

fertig in: 30 Minuten | davon aktiv: 30 Minuten
554 kcal | 2320 kJ

Für den Dip Quark mit Ajvar verrühren. Paprika waschen, entkernen und in kleine Würfel schneiden. 1 EL Paprikawürfel als Garnitur zur Seite stellen und restliche Würfel unter den Quark heben. Paprikaquark mit Salz und Pfeffer abschmecken.

Artischocken abtropfen lassen und hacken. Zwiebel schälen und würfeln. Zwiebelwürfel in einem Topf auf mittlerer Stufe in Wasser kurz andünsten. Hirse dazugeben, kurz mitdünsten, mit Brühe ablöschen und ca. 15 Minuten garen. Artischocken ca. 5 Minuten vor Ende der Garzeit zufügen und mitgaren.

Steaks trocken tupfen. Öl in einer Pfanne auf hoher Stufe erhitzen und Steaks darin ca. 5–6 Minuten von jeder Seite braten. Steaks mit Salz, Pfeffer und Thymian würzen. Gemüsehirse mit Paprikawürfeln garnieren und mit Steaks und Paprikaquark servieren.

Für 2 Personen:

200 g Magerquark
1 TL Ajvar (Paprikapaste)
1 rote Paprika
Salz, Pfeffer
1 Dose Artischockenherzen in Lake (210 g Abtropfgewicht)
1 Zwiebel
2 EL Wasser
120 g trockene Hirse
300 ml Gemüsebrühe (1/2 TL Instantpulver)
2 Rinderhüftsteaks (à 150 g)
1 TL Rapsöl
1/2 TL gehackter Thymian

Salbeirisotto mit Hähnchen im Schinkenmantel

12 SmartPoints Wert™

fertig in: 45 Minuten | davon aktiv: 45 Minuten
glutenfrei
532 kcal | 2225 kJ

Für 2 Personen:

- **1 Schalotte**
- **3 TL Rapsöl**
- **100 g trockener Risottoreis**
- **500 ml Geflügelfond**
- **2 Hähnchenbrustfilets (à 120 g)**
- **Salz, Pfeffer**
- **2 Scheiben Parmaschinken**
- **400 g Cocktailtomaten**
- **2 EL dunkler Balsamicoessig**
- **2 EL Orangensaft**
- **1 EL gehacktes Basilikum**
- **6 Blätter Salbei**
- **2 EL geriebener Parmesan**

Schalotte schälen und würfeln. 1 TL Öl in einem Topf auf mittlerer Stufe erhitzen und Schalottenwürfel mit Reis darin ca. 5 Minuten glasig andünsten. Mit Fond aufgießen, bis die Reiskörner knapp bedeckt sind. Auf niedriger Stufe ca. 25–35 Minuten garen, dabei unter Rühren regelmäßig Fond nachgießen.

Hähnchenbrustfilets abspülen, trocken tupfen, salzen, pfeffern und mit Parmaschinken umwickeln. Restliches Öl in einer Pfanne auf mittlerer bis hoher Stufe erhitzen und Hähnchenbrustfilets darin ca. 8–10 Minuten von jeder Seite braten.

Tomaten waschen und halbieren. Für das Dressing Balsamicoessig mit Orangensaft verquirlen und mit Salz und Pfeffer würzen. Tomatenhälften mit Dressing und Basilikum mischen. Salbei waschen, trocken schütteln und in Streifen schneiden. Risotto mit Salbeistreifen und Parmesan verfeinern und mit Salz und Pfeffer abschmecken. Hähnchen mit Risotto und Tomatensalat servieren.

Kalbsschnitzel mit Bouillonkartoffeln

10 SmartPoints Wert™

fertig in: 50 Minuten | davon aktiv: 35 Minuten
575 kcal | 2408 kJ

Für 4 Personen:

- **2 Stangen Lauch**
- **2 Karotten**
- **1/2 Knollensellerie**
- **1,2 kg festkochende Kartoffeln**
- **4 TL Rapsöl**
- **600 ml Rinderbrühe (2 TL Instantpulver)**
- **2 Gläser Rote Bete (à 350 g Abtropfgewicht)**
- **1 Bund Petersilie**
- **4 Kalbsschnitzel (à 120 g)**
- **Salz, Pfeffer**
- **2 TL Tafelmeerrettich**

Lauch waschen und in Ringe schneiden. Karotten, Sellerie und Kartoffeln schälen. Karotten und Sellerie in kleine, Kartoffeln in große Würfel schneiden.

2 TL Öl in einem Topf auf mittlerer Stufe erhitzen und Kartoffelwürfel mit Lauchringen, Sellerie- und Karottenwürfeln darin kurz andünsten. Mit Brühe ablöschen und mit Deckel ca. 25–30 Minuten garen.

Rote Bete abtropfen lassen und in Stücke schneiden. Petersilie waschen, trocken schütteln und hacken. Schnitzel trocken tupfen.

Restliches Öl in einer Pfanne auf hoher Stufe erhitzen, Schnitzel darin ca. 3 Minuten von jeder Seite braten und mit Salz und Pfeffer würzen. Bouillonkartoffeln mit Meerrettich und Petersilie verfeinern, mit Salz und Pfeffer abschmecken und mit Kalbsschnitzeln und Roter Bete servieren.

Herbstliche Pfifferling-Bohnen-Pfanne

9 SmartPoints Wert™

fertig in: 50 Minuten | davon aktiv: 35 Minuten
482 kcal | 2016 kJ

Für 1 Person:

- **300 g festkochende Kartoffeln**
- **1 kleine Zwiebel**
- **100 g Pfifferlinge**
- **120 g Schweineschnitzel**
- **1 TL Rapsöl**
- **Salz, Pfeffer**
- **100 ml Gemüsebrühe (1/2 TL Instantpulver)**
- **200 g grüne Bohnen (TK)**
- **1 TL gehackter Oregano**
- **1/2 TL gehacktes Bohnenkraut**

Kartoffeln schälen und würfeln. Zwiebel schälen und in Streifen schneiden. Pfifferlinge trocken abreiben, gegebenenfalls waschen und kleiner schneiden. Schnitzel trocken tupfen und in Streifen schneiden.

Öl in einer Pfanne auf hoher Stufe erhitzen, Schnitzelstreifen darin ca. 3–4 Minuten rundherum anbraten, salzen, pfeffern und herausnehmen.

Kartoffelwürfel mit Zwiebelstreifen im Bratensatz auf mittlerer Stufe ca. 5 Minuten anbraten, salzen und pfeffern, mit Brühe ablöschen und mit Deckel ca. 13–15 Minuten garen. Bohnen in Salzwasser ca. 8 Minuten garen.

Pfifferlinge zu den Kartoffelwürfeln geben und ohne Deckel weitere ca. 3–4 Minuten garen. Bohnen abgießen, mit Schnitzelstreifen, Oregano und Bohnenkraut unter die Kartoffel-Pfifferling-Mischung heben und erwärmen. Pfifferling-Bohnen-Pfanne mit Salz und Pfeffer abschmecken und servieren.

Kürbislasagne mit Tatar

9 SmartPoints Wert

fertig in: 80 Minuten | davon aktiv: 35 Minuten
einfrieren
569 kcal | 2383 kJ

Kürbis schälen, halbieren, Kerne mit einem Löffel entfernen und Kürbis in kleine Würfel schneiden. Zwiebel schälen und würfeln. Öl in einer Pfanne auf hoher Stufe erhitzen und Tatar darin krümelig anbraten.

Kürbis- und Zwiebelwürfel dazugeben und ca. 5 Minuten mitbraten. Mit Rosmarin und Majoran verfeinern und mit Salz, Pfeffer und Muskatnuss würzen.

Kürbis-Tatar-Mischung mit Tomaten und Brühe ablöschen, aufkochen und ca. 10 Minuten köcheln lassen. Backofen auf 200° C (Gas: Stufe 3, Umluft: 180° C) vorheizen.

Kürbissauce und Lasagneplatten in eine Auflaufform (ca. 20 x 35 cm) schichten, dabei mit Sauce beginnen und abschließen. Frischkäse in Flocken auf der Lasagne verteilen und im Backofen auf mittlerer Schiene ca. 35 Minuten garen. Kürbislasagne servieren.

Für 4 Personen:

1 Hokkaidokürbis (ca. 800 g)
1 Zwiebel
2 TL Olivenöl
400 g Tatar
1 TL gehackter Rosmarin
2 EL gehackter Majoran
Salz, Pfeffer
1 Prise geriebene Muskatnuss
1 kg passierte Tomaten (Konserve)
250 ml Gemüsebrühe (1 TL Instantpulver)
12 trockene Lasagneplatten
100 g Frischkäse, bis 1 % Fett absolut

Kräuterpolenta mit gebratenem Rosenkohl

12 SmartPoints Wert™

fertig in: 35 Minuten | davon aktiv: 20 Minuten
vegan
485 kcal | 2030 kJ

Rosenkohl putzen und vierteln. 1 TL Öl in einer Pfanne auf mittlerer Stufe erhitzen, Rosenkohlviertel darin ca. 15–20 Minuten garen und mit Salz und Pfeffer würzen.

Sojadrink in einem Topf mit Brühe aufkochen, Polenta einrühren und mit Deckel auf mittlerer Stufe ca. 10 Minuten köcheln lassen.

Maronen in kleine Stücke schneiden und einige Stücke zum Bestreuen beiseitestellen. Restliche Maronen ca. 5 Minuten vor Ende der Garzeit zum Rosenkohl geben.

Polenta vom Herd nehmen, ca. 10 Minuten quellen lassen und Käse mit Kräutern einrühren. Für das Topping Tomatenmark mit Wasser, Basilikum und restlichem Öl verrühren und mit Salz und Pfeffer würzen.

Polenta mit Salz und Pfeffer abschmecken, mit gebratenem Rosenkohl anrichten, mit Tomatentopping beträufeln, mit Maronenstücken bestreuen und servieren.

Für 2 Personen:

- **500 g Rosenkohl**
- **2 TL Walnussöl**
- **Salz, Pfeffer**
- **200 ml ungesüßter Sojadrink**
- **100 ml Gemüsebrühe (1/2 TL Instantpulver)**
- **120 g trockene Polenta (Maisgrieß)**
- **8 vorgegarte Maronen (vakuumverpackt)**
- **2 EL veganer Streukäse**
- **3 EL gemischte gehackte Kräuter (z. B. Salbei, Rosmarin, Thymian)**
- **1 EL Tomatenmark**
- **1 EL Wasser**
- **1 TL gehacktes Basilikum**

Karotten-Puten-Pfanne mit Wildreis

9 SmartPoints Wert

fertig in: 30 Minuten | davon aktiv: 30 Minuten
479 kcal | 2007 kJ

Reis nach Packungsanweisung in Salzwasser garen. Karotten schälen und in Scheiben schneiden. Karottenscheiben in Brühe mit Deckel ca. 10–12 Minuten garen. Putenschnitzel abspülen, trocken tupfen und in Streifen schneiden.

Öl in einer Pfanne auf hoher Stufe erhitzen, Putenstreifen darin ca. 3–4 Minuten rundherum anbraten und mit Salz, Pfeffer und Currypulver würzen. Karottenscheiben abgießen und dabei den Sud auffangen. Putenstreifen mit 175 ml Karottensud ablöschen.

Karottenscheiben mit Frischkäse und Apfelsaft unter die Putenstreifen heben, aufkochen und mit Salz und Pfeffer abschmecken. Karotten-Puten-Pfanne mit Wildreis servieren.

Für 2 Personen:

- **120 g trockene Wildreismischung**
- **Salz, Pfeffer**
- **500 g Karotten**
- **500 ml Gemüsebrühe (2 TL Instantpulver)**
- **240 g Putenschnitzel**
- **1 TL Rapsöl**
- **1 TL Currypulver**
- **3 EL Frischkäse, bis 1 % Fett absolut**
- **2 EL Apfelsaft**

Kartoffelgratin mit zarten Schweinemedaillons

10 SmartPoints Wert

fertig in: 60 Minuten | davon aktiv: 50 Minuten
489 kcal | 2046 kJ

Für 2 Personen:

- **450 g mehligkochende Kartoffeln**
- **125 g Kochkäse, Magerstufe**
- **150 ml entrahmte Milch**
- **Salz, Pfeffer**
- **geriebene Muskatnuss**
- **600 g Lauch**
- **250 g Schweinefilet**
- **2 TL Rapsöl**
- **50 ml Gemüsebrühe (2 Prisen Instantpulver)**

Backofen auf 200° C (Gas: Stufe 3, Umluft: 180° C) vorheizen. Für das Kartoffelgratin Kartoffeln schälen, in dünne Scheiben schneiden und fächerartig in einer Auflaufform (ca. 18 x 20 cm) verteilen.

100 g Kochkäse mit Milch pürieren, kräftig mit Salz, Pfeffer und Muskatnuss abschmecken und über den Kartoffelscheiben verteilen. Gratin im Backofen auf mittlerer Schiene ca. 40–45 Minuten garen.

Lauch waschen und in Ringe schneiden. Schweinefilet trocken tupfen und in 4 Medaillons schneiden. Öl in einer Pfanne auf hoher Stufe erhitzen, Medaillons darin ca. 4–5 Minuten von jeder Seite braten, salzen, pfeffern und herausnehmen.

Lauchringe im Bratensatz auf mittlerer Stufe ca. 5 Minuten anbraten, mit Brühe ablöschen und mit Deckel ca. 5 Minuten garen.

Lauchgemüse mit restlichem Kochkäse verfeinern und mit Salz, Pfeffer und Muskatnuss abschmecken. Schweinemedaillons auf das Lauchgemüse geben und erwärmen. Kartoffelgratin mit Lauchgemüse und Schweinemedaillons servieren.

Info

Schneller geht es, wenn du die Kartoffelscheiben ca. 10 Minuten in Salzwasser vorgarst. Dadurch ist das Gratin bereits nach 20 Minuten fertig.

Tatar-Reis-Pfanne mit Romanesco

10 SmartPoints Wert

fertig in: 45 Minuten | davon aktiv: 35 Minuten
485 kcal | 2029 kJ

Reis nach Packungsanweisung in Salzwasser garen. Romanesco waschen und in kleine Röschen teilen. Zwiebel schälen und in Streifen schneiden. Chilischote waschen, entkernen und würfeln.

Öl in einer Pfanne auf hoher Stufe erhitzen, Tatar darin krümelig anbraten und mit Salz, Pfeffer und Paprikapulver würzen. Zwiebelstreifen mit Romanescoröschen auf mittlerer Stufe ca. 4–5 Minuten mitbraten, mit Brühe ablöschen, Chiliwürfel zufügen und ca. 10 Minuten garen.

Für den Dip Joghurt mit Zitronenthymian verfeinern und mit Salz und Pfeffer abschmecken. Reis unter die Romanescomischung heben und erwärmen. Tatar-Reis-Pfanne mit Salz und Pfeffer abschmecken und mit Dip servieren.

Für 4 Personen:

- **240 g trockene Wildreismischung**
- **Salz, Pfeffer**
- **1 kg Romanesco**
- **1 Zwiebel**
- **1 rote Chilischote**
- **4 TL Rapsöl**
- **400 g Tatar**
- **1 TL Paprikapulver**
- **500 ml Gemüsebrühe (2 TL Instantpulver)**
- **200 g Magermilchjoghurt**
- **2 TL gehackter Zitronenthymian (ersatzweise Thymian)**

Lammfilet mit Gemüsebulgur

10 SmartPoints Wert

fertig in: 30 Minuten | davon aktiv: 30 Minuten
550 kcal | 2305 kJ

Gemüse schälen und in Scheiben schneiden. Lammfilets trocken tupfen. Knoblauch vierteln, Rosmarin waschen und trocken schütteln. 1 TL Öl in einer Pfanne auf hoher Stufe erhitzen und Lammfilets mit Knoblauchvierteln und Rosmarinzweigen darin ca. 3 Minuten rundherum braten. Mit Salz und Pfeffer würzen, in Alufolie wickeln und im Backofen bei 60° C warm stellen.

Bulgur nach Packungsanweisung in Brühe garen. Restliches Öl im Bratensatz auf mittlerer Stufe erhitzen und Gemüsescheiben darin ca. 10 Minuten braten. Gemüse mit 1 TL Zitronensaft und Thymian verfeinern und mit Deckel weitere ca. 5 Minuten garen. Joghurt mit Zitronenschale und restlichem Zitronensaft verfeinern, salzen und pfeffern. Gemüse mit Salz und Pfeffer abschmecken und Bulgur mit Kräutern unterheben. Lammfilet mit Gemüsebulgur und Zitronendip servieren.

Für 2 Personen:

400 g Pastinaken
1 Karotte
4 Lammfilets (à 60 g)
1 Knoblauchzehe
2 Zweige Rosmarin
3 TL Rapsöl
Salz, Pfeffer
100 g trockener Bulgur
250 ml Gemüsebrühe (1 TL Instantpulver)
2 TL Zitronensaft
1/2 EL gehackter Thymian
125 g Magermilchjoghurt
1 Msp. abgeriebene unbehandelte Zitronenschale
1 EL gemischte gehackte Kräuter

Kohlrabipfanne mit Kressequark

10 SmartPoints Wert

fertig in: 30 Minuten | davon aktiv: 30 Minuten
487 kcal | 2038 kJ

Kartoffeln und Kohlrabi schälen und würfeln. Putenschnitzel abspülen, trocken tupfen und in Streifen schneiden. Öl in einer Pfanne auf hoher Stufe erhitzen, Putenstreifen darin ca. 3 Minuten rundherum braten, salzen, pfeffern und herausnehmen.

Kartoffel- und Kohlrabiwürfel im Bratensatz ca. 2 Minuten anbraten, mit Brühe und Cremefine ablöschen und auf mittlerer Stufe mit Deckel ca. 10 Minuten garen. Quark mit Milch glatt rühren. Kresse vom Beet schneiden, unter den Quark heben und mit Salz und Pfeffer abschmecken. Putenstreifen unter die Kohlrabipfanne heben und erwärmen. Mit Petersilie und Muskatnuss verfeinern und mit Salz und Pfeffer abschmecken. Kohlrabipfanne mit Kressequark servieren.

Für 2 Personen:

400 g festkochende Kartoffeln
4 Kohlrabi (ca. 600 g)
200 g Putenschnitzel
2 TL Rapsöl
Salz, Pfeffer
100 ml Gemüsebrühe (1 TL Instantpulver)
125 ml Cremefine zum Kochen, 7 % Fett
150 g Magerquark
2 EL entrahmte Milch
1/2 Beet Kresse
1 EL gehackte Petersilie
1 Prise geriebene Muskatnuss

Feuriger Mais-Bohnen-Topf

8 SmartPoints Wert

fertig in: 50 Minuten | davon aktiv: 45 Minuten
458 kcal | 1916 kJ

Für 6 Personen:

- **800 g mehligkochende Kartoffeln**
- **600 g Putenbrustfilet**
- **1 EL Rapsöl**
- **Salz, Pfeffer**
- **1 TL Paprikapulver**
- **1 TL gehackter Oregano**
- **500 ml Gemüsebrühe (2 TL Instantpulver)**
- **je 2 rote, grüne und gelbe Paprika**
- **1 Dose weiße Bohnen (255 g Abtropfgewicht)**
- **1 Dose Kidneybohnen (255 g Abtropfgewicht)**
- **1 Dose Mais (285 g Abtropfgewicht)**
- **800 g stückige Tomaten (Konserve)**
- **1–2 TL Chilipulver**

Kartoffeln schälen und in Spalten schneiden. Putenbrustfilet abspülen, trocken tupfen und würfeln. Öl in einem Topf auf hoher Stufe erhitzen und Putenbrustwürfel darin ca. 5 Minuten rundherum anbraten.

Kartoffelspalten dazugeben, mit Salz, Pfeffer, Paprikapulver und Oregano würzen, mit Brühe ablöschen, aufkochen und mit Deckel ca. 10 Minuten garen.

Paprika waschen, entkernen und in Streifen schneiden. Paprikastreifen zur Puten-Kartoffel-Mischung geben und mit Deckel weitere ca. 5 Minuten garen.

Weiße Bohnen, Kidneybohnen und Mais abspülen und abtropfen lassen, mit Tomaten in den Eintopf geben und weitere ca. 5 Minuten garen. Mais-Bohnen-Topf mit Salz, Pfeffer und Chilipulver würzen und nach Wunsch mit gehackter Petersilie bestreut servieren.

UPGRADE

Für mehr Pepp sorgen 60 g fettfrei gebratene Chorizowürfel, die auf den Mais-Bohnen-Topf gestreut werden. Der SmartPoints Wert pro Person erhöht sich auf 9.

Kartoffel-Erbsen-Stampf mit Rindersteak und Schmorzwiebeln

10 SmartPoints Wert

fertig in: 35 Minuten | davon aktiv: 25 Minuten
436 kcal | 1828 kJ

Kartoffeln schälen, würfeln und in Salzwasser ca. 20 Minuten garen. Erbsen ca. 5 Minuten vor Ende der Garzeit dazugeben und mitgaren. Schalotten schälen und in Spalten schneiden.

1 TL Öl in einer Pfanne auf hoher Stufe erhitzen, Schalotten darin kurz anbraten, salzen, pfeffern und mit Wasser und Essig ablöschen. Schalotten mit Deckel auf mittlerer Stufe ca. 10 Minuten schmoren und herausnehmen.

Steaks trocken tupfen. Restliches Öl im Bratensatz erhitzen, Steaks darin ca. 3–4 Minuten von jeder Seite braten und mit Salz und Pfeffer würzen.

Kartoffelwürfel und Erbsen abgießen, grob zerstampfen, mit Brühe vermischen und mit Salz, Pfeffer und Muskatnuss würzen. Kartoffel-Erbsen-Stampf nach Wunsch mit rosa Pfefferbeeren und Petersilie garnieren und mit Steaks und Schmorzwiebeln servieren.

Für 2 Personen:

- **350 g mehligkochende Kartoffeln**
- **Salz, Pfeffer**
- **150 g Erbsen (TK)**
- **6 Schalotten**
- **3 TL Rapsöl**
- **2 EL Wasser**
- **2 TL dunkler Balsamicoessig**
- **2 Rinderhüftsteaks (à 150 g)**
- **3 EL Gemüsebrühe (2 Prisen Instantpulver)**
- **1 Prise geriebene Muskatnuss**

Knusprige Maistaler mit Schnittlauchdip

12 SmartPoints Wert

fertig in: 35 Minuten | davon aktiv: 35 Minuten
vegetarisch
478 kcal | 2002 kJ

Frühlingszwiebel waschen und in Ringe schneiden. Salat waschen, trocken schleudern und in mundgerechte Stücke zerteilen. Für das Dressing Senf mit Essig, Joghurt, Brühe und 1 TL Schnittlauch verrühren und mit Salz und Pfeffer abschmecken.

Ei trennen und Eiklar steif schlagen. Haferflocken mit Eigelb, Mineralwasser, Mais und Frühlingszwiebelringen vermischen und mit Salz, Kümmel und 1 Msp. Chiliflocken würzen. Eischnee vorsichtig unterheben.

Öl in einer Pfanne auf mittlerer Stufe erhitzen, mit einem Esslöffel aus der Masse 3 Taler in die Pfanne geben und darin ca. 3–4 Minuten von jeder Seite braten.

Für den Dip Quark mit restlichen Chiliflocken und restlichem Schnittlauch verrühren und mit Salz und Pfeffer abschmecken. Salat mit Dressing vermischen und zu den Maistalern mit Schnittlauchdip servieren.

Für 1 Person:

1 Frühlingszwiebel
100 g Eisbergsalat
1/2 TL Senf
1–2 TL Kräuteressig
1 EL Magermilchjoghurt
2 EL Gemüsebrühe (1 Prise Instantpulver)
3 TL Schnittlauchringe
Salz, Pfeffer
1 Ei
50 g kernige Haferflocken
2 EL kohlensäurehaltiges Mineralwasser
3 EL Mais (Konserve)
2 Msp. gemahlener Kümmel
2 Msp. Chiliflocken
1 TL Rapsöl
3 EL Magerquark

Nudelsalat mit scharfen Putenstreifen

9 SmartPoints Wert

fertig in: 30 Minuten | davon aktiv: 30 Minuten
453 kcal | 1897 kJ

Nudeln und Bohnen nach Packungsanweisung in Salzwasser garen. Putenschnitzel abspülen, trocken tupfen und in Streifen schneiden. Öl, Cayennepfeffer und Majoran verrühren, salzen, mit Putenstreifen in einen Gefrierbeutel geben, gut verkneten und im Kühlschrank ca. 10 Minuten marinieren.

Nudeln und Bohnen abgießen und kalt abschrecken. Maiskölbchen abtropfen lassen und in Stücke schneiden. Avocado halbieren, Stein entfernen und Fruchtfleisch aus der Schale lösen. Für das Dressing Avocadofruchtfleisch, Brühe und Essig pürieren, Schnittlauch zugeben und mit Salz und Pfeffer abschmecken. Putenstreifen ohne weitere Fettzugabe in einer Pfanne auf mittlerer bis hoher Stufe ca. 5 Minuten rundherum braten und mit Tabasco abschmecken. Dressing mit Nudeln, Bohnen, Maiskölbchenstücken und Putenstreifen vermischen und Nudelsalat nach Wunsch mit Zwiebelsprossen garniert servieren.

Für 4 Personen:

- **200 g trockene Penne**
- **500 g grüne Bohnen (TK)**
- **Salz, Pfeffer**
- **400 g Putenschnitzel**
- **4 TL Rapsöl**
- **1 TL Cayennepfeffer**
- **1 TL gehackter Majoran**
- **1 Glas Maiskölbchen (190 g Abtropfgewicht)**
- **100 g Avocado**
- **100 ml Gemüsebrühe (1 TL Instantpulver)**
- **4 EL Kräuteressig**
- **1 EL Schnittlauchringe**
- **einige Tropfen Tabasco**

Gebratenes Jägerschnitzel mit Reis

12 SmartPoints Wert

fertig in: 30 Minuten | davon aktiv: 25 Minuten
502 kcal | 2102 kJ

Champignons trocken abreiben und vierteln. Zwiebel schälen und würfeln. Schweineschnitzel trocken tupfen, salzen und pfeffern.

Schnitzel erst in Mehl, dann in Ei und zum Schluss in Paniermehl wenden. Reis nach Packungsanweisung in Salzwasser garen. 2 TL Öl in einer Pfanne auf mittlerer Stufe erhitzen und Schweineschnitzel darin ca. 5–6 Minuten von jeder Seite braten. Restliches Öl in einem Topf auf mittlerer Stufe erhitzen, Zwiebelwürfel darin kurz andünsten, Pilze dazugeben, mit Brühe ablöschen und ca. 10 Minuten köcheln lassen. Jägersauce mit Schmand verfeinern und mit Salz und Pfeffer abschmecken. Jägerschnitzel mit Reis anrichten und nach Wunsch mit Kresse garniert servieren.

Für 2 Personen:

- **300 g braune Champignons**
- **1 Zwiebel**
- **2 Schweineschnitzel (à 120 g)**
- **Salz, Pfeffer**
- **1 EL Vollkornmehl**
- **1 Ei**
- **2 EL Paniermehl**
- **80 g trockener Langkornreis**
- **3 TL Rapsöl**
- **125 ml Gemüsebrühe (1/2 TL Instantpulver)**
- **1 EL Schmand**

Fit auf Rollen

Schwimmen, Radfahren und vor allem Inlineskaten: Aus Couch-Potato Yvonne ist eine wahre Sportskanone geworden. Die 24-jährige Gesundheits- und Krankenpflegerin aus Baesweiler bei Aachen genießt dieses völlig neue Lebensgefühl – und die vielen Komplimente für ihre tolle Abnahme!

Name:	Yvonne
Alter:	24 Jahre
Erfolg:	-23,5 kg
Teilnahme:	Online

Als sich Yvonne bei Weight Watchers Online anmeldete, steckte sie mitten in der Ausbildung: Praxisblöcke im Krankenhaus und Schulwochen wechselten einander meist im 6-Wochen-Rhythmus ab. Genau das sorgte dafür, dass Yvonne regelmäßig mit Komplimenten überschüttet wurde: „Ich war für meine Mitschüler bzw. meine Kollegen oft wochenlang nicht präsent – umso größer war der Aha-Effekt, wenn ich wieder zur Schule ging bzw. wieder auf der Station war." Vor allem, wenn man wie Yvonne fast 24 Kilo in nur einem halben Jahr abnimmt, die Kleidergröße von 46 auf 38 schrumpft.

Als 17-Jährige wog Yvonne noch rund 70 Kilo, doch als sie mit ihrem heutigen Freund zusammenkam, nahm sie innerhalb von drei Jahren rund 20 Kilo zu. Mit damals 88,5 Kilo fühlte sie sich in ihrer Haut schon längst nicht mehr wohl. Alle möglichen Diäten hatte sie schon durch, da begann ihre Schwester mit Weight Watchers Online. Yvonne wäre von sich aus nie auf die Idee gekommen, sich anzumelden. Als ihre Schwester jedoch nach der ersten Woche berichtete, dass sie 1,7 Kilo abgenommen hat, war auch Yvonne dabei. Die Gesundheits- und Krankenpflegerin genoss es von Anfang an sehr, vernünftiger und bewusster zu essen. Schon morgens plante Yvonne ihren Tag – wichtig vor allem, weil sie im Schichtdienst arbeitet.

Dabei musste die 24-Jährige gar nicht so viel an ihrem Essensstil verändern: „Bei uns gibt's morgens und abends Brot – und genau das habe ich auch beibehalten können." Statt zu Toastbrot griff sie zu Graubrot, statt mit Salami belegte sie es mit hauchfein geschnittenem Lachsschinken. Yvonne lernte erst mit Weight Watchers „richtig" zu kochen: „Ich hatte vorher zwei, drei Standardgerichte drauf, z.B. Spaghetti Bolognese mit Schweinemett, und vor allem solche auf Basis von Fix-Produkten, einfach einrühren und fertig. Ein richtiges Gulasch mit frischer Paprika hatte ich in meinem Leben noch nie zubereitet."

Ihr Gewicht hält Yvonne jetzt schon seit mehr als zwei Jahren: Sie zählt nicht mehr jeden Tag Punkte, aber sie überschlägt das, was sie isst, noch im Kopf. „Wenn nach einem Urlaub dann mal ein, zwei Kilo drauf sind, schreibe ich zwei, drei Wochen wieder kontinuierlich auf, und schon regelt sich das Gewicht wie von selbst." Ihre tollen Erfolge beflügelten Yvonne auch, sich mehr zu bewegen. Ihre große Leidenschaft heute ist das Inlineskaten. „Daran begeistert mich die Geschwindigkeit: Man ist so flott, fühlt sich so frei." Und ein tolles Plus ist auch, dass sich Yvonne beim Essen mehr gönnen kann. Wird abends gegrillt, schnallt sie sich eine halbe Stunde, bevor der Grill angemacht wird, noch schnell die Skates unter und spurtet los: „Da kann ich mir dann eine Extra-Bratwurst gönnen."

Wenn du wie Yvonne durchstarten möchtest, dann schau einfach bei einem Treffen in deiner Nähe vorbei:
www.weightwatchers.de/treffenfinden

www.weightwatchers.de/
monatspass

Yvonnes Erfolgstipps: „So halte ich mein Gewicht“

- Ich achte auf mein Sättigungsgefühl!
- Statt zu einer zweiten Portion greife ich lieber zu Obst.
- Ich esse langsam und lege während des Essens immer wieder das Besteck zur Seite.
- Nach dem Essen trinke ich ein ganzes Glas Wasser auf einmal: Das füllt den Magen.

Autorin: Silke Bruns
Fotografin: Tanja Walck

Register nach Alphabet

Lust auf...

...Asiatisches?

...Brötchen & Sandwiches?

...Eier?

...Eintopf?

...Exotisches?

...Fisch?

...Fleisch?

... Geflügel?

... Gemüse?

... Low Carb?

... Ofenküche?

... Pasta?

Lust auf…

…Salat?

…Scharfes?

…Suppe?

…Süßes?

…Vegan?

... Vegetarisch?

... wenig Abwasch?

... Wraps?

Impressum

Redaktion
Weight Watchers
Claudia Braun, Claudia Thienel

Realisierung
The Food Professionals Köhnen AG, Sprockhövel

Projektleitung
Silke Höpker

Rezepte
Janina Gerthold, Ingrid Schmand

Versuchsküche
Dennis Webers

Fotografie
Klaus Arras, Carsten Eichner, Andreas Ketterer,
Dirk Przibylla, Thinkstock (Seiten 4, 5)

Foodstyling
Katja Briol, Marc Fleischer, Maren Jahnke, Evelyn Layher,
Stefan Mungenast

Gestaltungskonzept und Grafik
The Food Professionals Köhnen AG, Sprockhövel
Sarah Bradenbrink, Petra Penker

Druck
paffrath print & medien GmbH, Remscheid

1. Auflage 2015

weightwatchers
Info-Hotline 01802-23 45 64*
www.weightwatchers.de

*0,06 €/Anruf aus dem Festnetz, Mobilfunk höchstens 0,42 €/Minute.

PEFC zertifiziert
Dieses Papier stammt aus nachhaltig bewirtschafteten Wäldern und kontrollierten Quellen.
PEFC/04-31-1066
www.pefc.de